HAMLET

William Shakespeare

TEXTO INTEGRAL

COLEÇÃO A OBRA-PRIMA DE CADA AUTOR

HAMLET

William Shakespeare

TEXTO INTEGRAL

Tradução
JOSÉ ANTONIO DE FREITAS

A ORTOGRAFIA DESTE LIVRO FOI ATUALIZADA SEGUNDO O ACORDO ORTOGRÁFICO DA LÍNGUA PORTUGUESA (1990), QUE PASSOU A VIGORAR EM 2009.

MARTIN CLARET

Primeira edição: *Hamlet* (1600-1601).

CONSELHO EDITORIAL
Martin Claret

PRODUÇÃO EDITORIAL
Taís Gasparetti

CAPA
Ilustração: *Detalhe do vitral Memorial Shakespeare, Southwark Cathedral, Londres*

MIOLO
Tradução: José Antonio de Freitas
Revisão: Márcia Abreu
Projeto gráfico: José Duarte T. de Castro
Editoração eletrônica: Editora Martin Claret
Impressão e acabamento: Renovagraf

Dados Internacionais de Catalogação na Publicação (CIP)
(Câmara Brasileira do Livro, SP, Brasil)

Shakespeare, William, 1564-1616.
Hamlet / William Shakespeare; tradução José Antonio de Freitas. — São Paulo: Martin Claret, 2010. — (Coleção a obra-prima de cada autor; 39)

"Texto integral"
ISBN 978-85-7232-705-3

1. Teatro inglês I. Título. II. Série.

10-02347 CDD-822.33

Índices para catálogo sistemático:

1. Ficção: Literatura inglesa 822.33

EDITORA MARTIN CLARET LTDA.
Rua Alegrete, 62 – Bairro Sumaré – CEP: 01254-010 – São Paulo – SP
Tel.: (11) 3672-8144
www.martinclaret.com.br

8ª REIMPRESSÃO – 2016

Sumário

Ato Quarto

Ato Quinto

PALAVRAS DO EDITOR

A história do livro e a coleção "A obra-prima de cada autor"

MARTIN CLARET

Que é o livro? Para fins estatísticos, na década de 1960, a Unesco considerou o livro "uma publicação impressa, não periódica, que consta de no mínimo 56 páginas, sem contar as capas".

O livro é um produto industrial. Mas também é mais do que um simples produto. O primeiro conceito que deveríamos reter é o de que o livro como objeto é o veículo, o suporte de uma informação. O livro é uma das mais revolucionárias invenções do homem.

A *Enciclopédia Abril* (1972), publicada pelo editor e empresário Victor Civita, no verbete "livro" traz concisas e importantes informações sobre a história do livro. A seguir, transcrevemos alguns tópicos desse estudo didático.

O livro na Antiguidade

Antes mesmo que o homem pensasse em utilizar determinados materiais para escrever (como, por exemplo, fibras vegetais e tecidos), as bibliotecas da Antiguidade estavam repletas de textos gravados em tabuinhas de barro cozido. Eram os primeiros "livros", depois progressivamente modificados até chegarem a ser feitos — em grandes tiragens — em papel impresso mecanicamente, proporcionando facilidade de leitura e transporte. Com eles, tornou-se possível, em todas as épocas, transmitir fatos, acontecimentos históricos, descobertas, tratados, códigos ou apenas entretenimento.

Como sua fabricação, a função do livro sofreu enormes modificações dentro das mais diversas sociedades, a ponto de constituir uma mercadoria especial, com técnica, intenção e utilização determinadas. No moderno movimento editorial das chamadas sociedades de consumo, o livro pode ser considerado uma mercadoria cultural, com maior ou menor significado no contexto socioeconômico em que é publicado. Como mercadoria, pode ser comprado, vendido ou trocado. Isso não ocorre, porém, com sua função intrínseca, insubstituível: pode-se dizer que o livro é essencialmente um instrumento cultural de difusão de ideias, transmissão de conceitos, documentação (inclusive fotográfica e iconográfica), entretenimento ou ainda de condensação e acumulação do conhecimento. A palavra escrita venceu o tempo, e o livro conquistou o espaço. Teoricamente, toda a humanidade pode ser atingida por textos que difundem ideias que vão de Sócrates e Horácio a Sartre e McLuhan, de Adolf Hitler a Karl Marx.

Espelho da sociedade

A história do livro confunde-se, em muitos aspectos, com a história da humanidade. Sempre que escolhem frases e temas, e transmitem ideias e conceitos, os escritores estão elegendo o que consideram significativo no momento histórico e cultural que vivem. E, assim, fornecem dados para a análise de sua sociedade. O conteúdo de um livro — aceito, discutido ou refutado socialmente — integra a estrutura intelectual dos grupos sociais.

Nos primeiros tempos, o escritor geralmente vivia em contato direto com seu público, que era formado por uns poucos letrados, já cientes das opiniões, ideias, imaginação e teses do autor, pela própria convivência que tinham com ele. Muitas vezes, mesmo antes de o texto ser redigido, as ideias nele contidas já haviam sido intensamente discutidas pelo escritor e parte de seus leitores. Nessa época, como em várias outras, não se pensava na enorme porcentagem de analfabetos. Até o século XV, o livro servia exclusivamente a uma pequena minoria de sábios e estudiosos que constituíam os círculos intelectuais (confinados aos mosteiros durante o começo da Idade Média) e que tinham acesso às bibliotecas, cheias de manuscritos ricamente ilustrados.

Com o reflorescimento comercial europeu, nos fins do século XIV, burgueses e comerciantes passaram a integrar o mercado livreiro da época. A erudição laicizou-se e o número de escritores aumentou, surgindo também as primeiras obras escritas em línguas que não o latim e o grego (reservadas aos textos clássicos e aos assuntos considerados dignos de atenção). Nos séculos XVI e XVII, surgiram diversas literaturas nacionais, demonstrando, além do florescimento intelectual da época, que a população letrada dos países europeus estava mais capacitada a adquirir obras escritas.

Cultura e comércio

Com o desenvolvimento do sistema de impressão de Gutenberg, a Europa conseguiu dinamizar a fabricação de livros, imprimindo, em cinquenta anos, cerca de 20 milhões de exemplares para uma população de quase 100 milhões de habitantes, cuja maioria era analfabeta. Para a época, isso significou enorme revolução, demonstrando que a imprensa só se tornou uma realidade diante da necessidade social de ler mais.

Impressos em papel, feitos em cadernos costurados e posteriormente encapados, os livros tornaram-se empreendimento cultural e comercial: os editores passaram logo a se preocupar com melhor apresentação e redução de preços. Tudo isso levou à comercialização do livro. E os livreiros baseavam-se no gosto do público para imprimir, principalmente obras religiosas, novelas, coleções de anedotas, manuais técnicos e receitas.

Mas a porcentagem de leitores não cresceu na mesma proporção que a expansão demográfica mundial. Somente com as modificações socioculturais e econômicas do século XIX — quando o livro começou a ser utilizado também como meio de divulgação dessas modificações e o conhecimento passou a significar uma conquista para o homem, que, segundo se acreditava, poderia ascender socialmente se lesse — houve um relativo aumento no número de leitores, sobretudo na França e na Inglaterra, onde alguns editores passaram a produzir obras completas de autores famosos a preços baixos. O livro era então interpretado como símbolo de liberdade, conseguida por conquistas culturais. Entretanto, na maioria dos países, não houve nenhuma grande modificação nos índices porcentuais até o fim da Primeira Guerra Mundial (1914-1918), quando surgiram as primeiras grandes tiragens de um só livro, principalmente romances, novelas e textos didáticos. O número elevado de cópias, além de baratear o preço da unidade, difundiu ainda mais a literatura. Mesmo assim, a maior parte da população de muitos países continuou distanciada do livro, em parte porque ele tinha sido durante muitos séculos considerado objeto raro, atingível somente por um pequeno número de eruditos. A grande massa da população mostrou maior receptividade aos jornais, periódicos e folhetins, mais dinâmicos e atualizados, e acessíveis ao poder aquisitivo da grande maioria. Mas isso não chegou a ameaçar o livro como símbolo cultural de difusão de ideias, como fariam, mais tarde, o rádio, o cinema e a televisão.

O advento das técnicas eletrônicas, o aperfeiçoamento dos métodos fotográficos e a pesquisa de materiais praticamente imperecíveis fazem alguns teóricos da comunicação de massa pensarem em um futuro sem os livros tradicionais (com seu formato quadrado ou retangular, composto de folhas de papel, unidas umas às outras por um dos lados). Seu conteúdo e suas mensagens (racionais ou emocionais) seriam transmitidos por outros meios, como por exemplo microfilmes e fitas gravadas.

A televisão transformaria o mundo todo em uma grande "aldeia" (como afirmou Marshall McLuhan), no momento em que todas as sociedades decretassem sua prioridade em relação aos textos escritos. Mas a palavra escrita dificilmente deixaria de ser considerada uma das mais importantes heranças culturais, entre todos os povos.

Através de toda a sua evolução, o livro sempre pôde ser visto como objeto cultural (manuseável, com forma entendida e interpretada em função de valores plásticos) e símbolo cultural (dotado de conteúdo, entendido e interpretado em função de valores semânticos). As duas maneiras podem fundir-se no pensamento coletivo, como um conjunto orgânico (onde texto e arte se completam, por exemplo, em um livro de arte) ou apenas como um conjunto textual (onde a mensagem escrita vem em primeiro lugar — em um livro de matemática, por exemplo).

A mensagem (racional, prática ou emocional) de um livro é sempre intelectual e pode ser revivida a cada momento. O conteúdo, estático em si, dinamiza-se em função da assimilação das palavras pelo leitor, que pode discuti-las, reafirmá-las, negá-las ou transformá-las. Por isso, o livro pode ser considerado instrumento cultural capaz de liberar informação, sons, imagens, sentimentos e ideias através do tempo e do espaço. A quantidade e a qualidade de ideias colocadas em um texto podem ser aceitas por uma sociedade, ou por ela negadas, quando entram em choque com conceitos ou normas culturalmente admitidos.

Nas sociedades modernas, em que a classe média tende a considerar o livro como sinal de *status* e cultura (erudição), os compradores utilizam-no como símbolo, mesmo desvirtuando suas funções ao transformá-lo em livro-objeto. Mas o livro é, antes de tudo, funcional — seu conteúdo é que lhe dá valor (os livros de ciências, filosofia, religião, artes, história e geografia, que representam cerca de 75% dos títulos publicados anualmente em todo o mundo).

O mundo lê mais

No século XX, o consumo e a produção de livros aumentaram progressivamente. Lançado logo após a Segunda Guerra Mundial (1939-1945), quando uma das características principais da edição de um livro era as capas entreteladas ou cartonadas, o livro de bolso constituiu um grande êxito comercial. As obras — sobretudo *best-sellers* publicados algum tempo antes em edições de luxo — passaram a ser impressas em rotativas, como as revistas, e distribuídas nas bancas de jornal. Como as tiragens elevadas permitiam preços muito baixos, essas edições de bolso popularizaram-se e ganharam importância em todo o mundo.

Até 1950, existiam somente livros de bolso destinados a pessoas de baixo poder aquisitivo; a partir de 1955, desenvolveu-se a categoria do livro de bolso "de luxo". As características principais destes últimos eram a abundância de coleções — em 1964 havia mais de duzentas, nos Estados Unidos — e a variedade de títulos, endereçados a um público intelectualmente mais refinado. A essa diversificação das categorias adiciona-se a dos pontos de venda, que passaram a abranger, além das bancas de jornal, farmácias, lojas, livrarias, etc. Assim, nos Estados Unidos, o número de títulos publicados em edições de bolso chegou a 35 mil em 1969, representando quase 35% do total dos títulos editados.

Enciclopédia Abril, vol. 7. São Paulo: Abril, 1973, p. 2840-2842.

Proposta da coleção "A obra-prima de cada autor"

"Coleção" é uma palavra há muito tempo dicionarizada e define o conjunto ou reunião de objetos da mesma natureza ou que têm alguma relação entre si. Em um sentido editorial, significa o conjunto não limitado de obras de autores diversos, publicado por uma mesma editora, sob um título geral indicativo de assunto ou área, para atendimento de segmentos definidos do mercado.

A coleção "A obra-prima de cada autor" corresponde plenamente à definição acima mencionada. Nosso principal objetivo é oferecer, em formato de bolso, a obra mais importante de cada autor, satisfazendo o leitor que procura qualidade.*

Desde os tempos mais remotos existiram coleções de livros. Em Nínive, em Pérgamo e na Anatólia existiam coleções de obras literárias de grande importância cultural. Mas nenhuma delas superou a célebre biblioteca de Alexandria, incendiada em 48 a.C. pelas legiões de Júlio César, quando estas arrasaram a cidade.

A coleção "A obra-prima de cada autor" é uma série de livros a ser composta por mais de 400 volumes, em formato de bolso, com preço altamente competitivo, e pode ser encontrada em centenas de pontos de vendas. O critério de seleção dos títulos foi o já estabelecido pela tradição e pela crítica especializada. Em sua maioria, são obras de ficção e filosofia, embora possa haver textos sobre religião, poesia, política, psicologia e obras de autoajuda. Inauguram a coleção quatro clássicos: *Dom Casmurro*, de Machado de Assis; *O Príncipe*, de Maquiavel; *Mensagem*, de Fernando Pessoa; e *O lobo do mar*, de Jack London.

Nossa proposta é fazer uma coleção quantitativamente aberta. A periodicidade é mensal. Editorialmente, sentimo-nos orgulhosos de poder oferecer a coleção "A obra-prima de cada autor" aos leitores brasileiros. Nós acreditamos no poder do livro.

---

* Atendendo a sugestões de leitores, livreiros e professores, a partir de certo número da coleção, começamos a publicar, de alguns autores, outras obras além da sua obra-prima.

Hamlet

Tragédia em cinco atos de William Shakespeare

Personagens

CLÁUDIO: REI da Dinamarca
HAMLET: filho do defunto rei e sobrinho do atual
POLÔNIO: camareiro-mor
HORÁCIO: amigo de Hamlet
LAERTES: filho de Polônio
VOLTIMANDO, CORNÉLIO, ROSENCRANTZ, GUILDENSTERN, OSRIC: cortesãos
OUTRO CORTESÃO
UM PADRE
MARCELO, BERNARDO: oficiais
FRANCISCO: soldado
REYNALDO: criado de Polônio
UM CAPITÃO
UM EMBAIXADOR
O ESPECTRO DO PAI DE HAMLET
FORTIMBRÁS: príncipe da Noruega
GERTRUDES: RAINHA da Dinamarca e mãe de Hamlet.
OFÉLIA: filha de Polônio

Senhores, damas, oficiais, soldados, cômicos, coveiros, marinheiros, mensageiros e outros criados.

A cena passa-se em Elsenor.

Ato I

CENA PRIMEIRA

Elsenor, uma plataforma defronte do palácio.

(Francisco, de guarda. Entra Bernardo.)

BERNARDO
— Quem está aí?

FRANCISCO
— Não; responde-me tu. Alto, e dá-te a conhecer.

BERNARDO
— Viva o rei!

FRANCISCO
— Bernardo?

BERNARDO
— Eu mesmo.

FRANCISCO
— Tiveste o maior cuidado em chegar à tua hora.

BERNARDO
— Deram agora doze horas; vai-te deitar, Francisco.

FRANCISCO
— Muito obrigado por teres vindo render-me; está um frio terrível, que me repassa até o coração.

BERNARDO
— Esteve tudo quieto durante a tua guarda?

FRANCISCO
— Nem um rato apareceu.

BERNARDO
— Bem; boa noite. Se encontrares Horácio e Marcelo, meus companheiros de guarda, dize-lhes que andem depressa.

FRANCISCO
— Parece-me que os estou ouvindo. Alto! quem vem lá?

(*Entram Horácio e Marcelo*.)

HORÁCIO
— Amigos desta terra.

MARCELO
— Homens lígios do rei da Dinamarca.

FRANCISCO
— Boa noite.

MARCELO
— Adeus, honesto soldado; quem te rendeu?

FRANCISCO
— Bernardo ficou em meu lugar. Boa noite.
(*Sai*.)

MARCELO
— Olá! Bernardo!

BERNARDO
— Dize-me: é Horácio quem está aí?

HORÁCIO
— Um vulto dele[1].

BERNARDO
— Bem-vindo sejas, Horácio; bem-vindo, bom Marcelo.

MARCELO
— Então? A coisa tornou a aparecer esta noite?

BERNARDO
— Nada vi.

MARCELO
— Horácio diz que é pura fantasia nossa, e não quer deixar senhorear-se da crença na terrível aparição, que vimos duas vezes. Por isso instei com ele para ficar de guarda esta noite conosco a fim de que, se o espectro voltar, Horácio possa corroborar o testemunho dos nossos olhos e falar-lhe[2].

HORÁCIO
— Qual! Não aparece.

BERNARDO
— Senta-te um bocado e consente que assaltemos de novo os teus ouvidos tão fortificados contra a nossa história, contando o que duas noites temos presenciado.

HORÁCIO
— Bem; sentemo-nos e ouçamos Bernardo contar a história.

BERNARDO
— A noite passada, quando aquela mesma estrela, que está a ocidente do polo, tinha feito o seu giro para iluminar a parte do céu em que brilha agora, Marcelo e eu — batia uma hora no relógio.

MARCELO
— Silêncio! Não prossigas! Olha, aí vem.

(*Aparece o Espectro.*)

BERNARDO
— Na mesma figura do defunto rei.

MARCELO
— És um acabado escolar[3]; fala-lhe Horácio.

BERNARDO
— Não se parece com o rei? Observa, Horácio.

HORÁCIO
— O mais possível; subjuga-me pelo medo e pelo pasmo.

BERNARDO
— Deseja que lhe falem.

MARCELO
— Fala-lhe, Horácio.

HORÁCIO
— Quem és tu, que usurpas esta hora da noite e a forma gentil e marcial em que por algum tempo se mostrou a majestade do falecido rei? Ordeno-te em nome do céu: fala.

MARCELO
— Ofendeu-se.

BERNARDO
— Vê; retira-se de um modo altivo.

HORÁCIO
— Para; fala; ordeno-te que fales.

(*O Espectro desaparece.*)

MARCELO
— Desapareceu e não dará resposta.

BERNARDO
— Então, Horácio? Tremes e empalideces? Não é mais do que pura fantasia? Que dizes?

HORÁCIO

— Por Deus, que o não pudera acreditar sem o testemunho sensível e seguro dos meus próprios olhos.

MARCELO

— Não se parece com o rei?

HORÁCIO

— Como tu contigo mesmo. Era assim a armadura que trazia, quando atacou o ambicioso norueguês; carregou assim as sobrancelhas, quando uma vez em azeda contestação prostrou no gelo o príncipe da Polônia, arrancando-o do trenó. É extraordinário!

MARCELO

— E foi assim que já duas vezes, a esta mesma hora de morte, ele, com o seu andar marcial, atravessou o nosso posto.

HORÁCIO

— Não sei que juízo particular devamos fazer a este respeito; mas na minha opinião, tomada em conjunto e à primeira vista, é presságio dalguma estranha desventura à nossa pátria.

MARCELO

— Bem; sentemo-nos, e diga-me quem souber, por que motivo estas guardas severas e observantíssimas fatigam durante a noite os súditos da Dinamarca? Para que esta fusão diária de canhões de bronze e a compra no estrangeiro de petrechos de guerra? Para que tamanha quantidade de carpinteiros navais, cujo trabalho rude não separa o domingo do dia de semana? Qual o objetivo a que se atende para que o operário, coberto de suor, junte na mesma faina dia e noite? Quem pode informar-me?

HORÁCIO

— Posso eu; pelo menos, o que se murmura é o seguinte: o nosso último rei, cuja imagem acabou de aparecer-nos, foi — como sabeis — desafiado a combate por Fortimbrás de Noruega, a quem um cioso orgulho estimulava. O nosso valoroso Hamlet (tal era o conceito em que o apreciava esta parte do mundo conhecido) matou a Fortimbrás, que por um ato bem selado e ratificado segundo a lei e a ciência heráldica perdeu para o vencedor, juntamente com a vida, todas as terras de que estava de posse. Contra isso tinha apostado o nosso rei uma porção equivalente de território, que entraria no patrimônio de Fortimbrás, se este porventura saísse triunfante, como em virtude do contrato e teor dos artigos estipulados couberam a Hamlet os territórios do adversário. Agora, senhor, o jovem Fortimbrás, de caráter fogoso, rude e inexperiente, tem rebanhado nas fronteiras da Noruega uma porção de vagabundos prontos pela manutenção e sustentamento a cometer qualquer empresa que demande constância e resolução. Isto (como bem se afigura ao nosso Estado) outra coisa não é senão o projeto de recobrar à força de armas os territórios perdidos por seu pai. Eis, a meu ver, o motivo essencial dos nossos aprestos, a causa das nossas vigílias, a principal razão desta afanosa atividade no país.

BERNARDO

— Creio que não é senão o que dizes: pode bem ser que isso prenda com o fato da portentosa figura que aparece armada, quando estamos de guarda, tão semelhante ao rei, que foi e é origem destas guerras.

HORÁCIO

— É um argueiro, que turva os olhos do entendimento. No período mais levantado e florente de Roma, pouco antes de haver caído o muito poderoso Júlio, as sepulturas ficaram vazias; os mortos envoltos nos seus lençóis ulularam pelas ruas[4]; as estrelas fulgiram com ígneas caudas; orvalhou sangue; desastrosos sinais apareceram no sol; e o úmido astro, sob cuja influência permanece o império de Netuno, desmaiou num eclipse, quase como se fora o dia de juízo. O céu e a terra mostraram, juntamente aos nossos climas e aos nossos conterrâneos, os mesmos prognósticos de ruins acontecimentos — correios que precedem constantemente os fados, e prólogo de males porvindouros.

(*Torna a aparecer o Espectro*.)

Mas espera; olha! ei-lo outra vez. Vou atravessar-me diante dele, ainda que me aniquile. Para ilusão! Se és dotado de palavra, se tens voz, fala! Se há mister praticar alguma ação boa que possa trazer-te alívio e conquistar-me a salvação, fala! Se conheces os destinos secretos da tua pátria, que sabidos de antemão podem talvez ser evitados, oh! fala! Se em vida amontoaste nas entranhas da terra tesouros extorquidos, pelo que — segundo afirmam — vós, espíritos, errais depois da morte... dize-mo.

(*Canta o galo.*)
Para e fala... Obriga-o a parar, Marcelo.

MARCELO
— Bato-lhe com a minha partasana?

HORÁCIO
— Se não quiser parar, bate-lhe.

BERNARDO
— Ei-lo!

HORÁCIO
— Ei-lo!

(*O Espectro desaparece.*)

MARCELO
— Partiu! Sendo tão majestoso de aspecto, ofendemo-lo em dar mostras de violência; ele é invulnerável como o ar, e os nossos golpes inúteis não passariam de uma zombaria maliciosa.

BERNARDO
— Quando ia falar, cantou o galo.

HORÁCIO
E então ficou trêmulo como um réu sob o peso de medonha citação. O galo, que é a trombeta da manhã, tenho ouvido dizer que com a voz forte e sonora desperta o deus do dia; e, apenas dá o sinal, todo espírito peregrino e errante no mar ou no fogo, na terra ou no ar, volta pressuroso a seus confins; e o presente fato comprova esta verdade.

MARCELO
— Desvaneceu-se quando cantou o galo. Dizem alguns que quando está próxima a estação em que se celebra o nascimento do Salvador, a ave da manhã canta toda noite; e afirmam que é tão santo e cheio de graça aquele tempo, que nenhum espírito ousa então aparecer, as noites são salubres, nenhum planeta exerce influição maligna, nenhuma fada comete malefício, nenhum mágico tem o poder de encantar.

HORÁCIO

— Assim tenho ouvido e, em parte, creio. Mas olha: a aurora envolvida no manto roxeado estende-se pelo orvalho do outeiro, que se ergue da banda do oriente. Acabemos a nossa guarda e, se estiverdes pelo meu voto, avisemos o jovem Hamlet do que vimos esta noite; porque aquele espírito, mudo para nós, há de falar-lhe, por minha vida! Não concordais em informá-lo, como exige a nossa dedicação e compete ao nosso dever?

MARCELO

— Façamos isso; eu sei onde é mais provável que o encontremos esta manhã.

(*Saem.*)

CENA II

Uma sala no castelo.

(Entram Rei, Rainha, Hamlet, Polônio, Laertes, Voltimando, Cornélio, Senhores e séquito.)

REI

— Posto que a memória da morte de Hamlet, nosso querido irmão, esteja ainda fresca; não obstante ser conveniente que sepultemos em tristeza os corações, e que todo o reino mostre o rosto contraído pela mesma dor, a razão combateu a natureza e exige que nos recordemos dele com a mais prudente mágoa de mistura com a lembrança de nós mesmos.

Por isso, com uma alegria vencida pelo sentimento, trazendo num dos olhos o sorriso e noutro as lágrimas, confundindo as festas com o funeral, e os responsos com os cânticos de núpcias, contrabalançando o júbilo com a tristeza, recebemos por mulher a nossa outrora irmã, hoje rainha, partícipe do governo deste guerreiro país. Praticando assim, nunca deixamos de ter em vista a vossa esclarecida opinião, manifestada livremente no decurso deste negócio. Agradeço-vos a todos. Cumpre-me agora dizer-vos que o jovem Fortimbrás, tendo em baixa estimação o nosso valor, ou supondo o reino desunido e fora dos alicerces por morte do nosso prezado irmão — aliado unicamente com este sonho de superioridade — não cessou de importunar-nos com mensagens sobre a restituição das terras perdidas por seu pai, e de que o nosso valoroso irmão se apoderou com todas as formalidades da lei. Pelo que respeita a ele, basta. Tratemos de nós, e da causa que nos tem aqui reunidos. É a seguinte: escrevemos a presente carta ao rei da Noruega, tio do jovem Fortimbrás, que, sem vigor e prostrado no leito, mal ouve os desígnios do sobrinho — para que se oponha a que ele vá com seu propósito avante, por isso que as levas, as recrutas, os alistamentos, tudo é feito entre os seus súditos. E agora vos deputamos, bom Cornélio, e a vós também, Voltimando, como portadores desta saudação ao velho norueguês, não vos concedendo poder algum pessoal para tratar com o rei, além do que vai exarado nestas minuciosas instruções. Adeus. Que a vossa diligência abone a vossa dedicação.

VOLTIMANDO
— Neste negócio e em tudo havemos de prová-la.

REI
— Não temos disso a menor dúvida. De todo o coração, adeus.
(*Saem Voltimando e Cornélio.*)
E agora, Laertes, que novidades temos? Falaste-nos duma pretensão; qual é? Não podes dizer coisa razoável ao rei da Dinamarca e perder as palavras. Que desejarás tu, Laertes, que não seja meu desejo oferecer-te, sem que o peças? A cabeça não é por natureza mais ligada ao coração, nem a mão é instrumento mais subordinado à boca, do que o trono dinamarquês é a teu pai. Que pretendes Laertes?

LAERTES
— O favor do vosso consentimento para voltar à França, temeroso senhor. Ainda que de bom grado viesse à Dinamarca render-vos homenagem na vossa coroação, confesso que hoje, cumprido esse dever, os meus pensamentos e desejos pendem para França, mas sujeitam-se à vossa graciosa licença e perdão.

REI
— Tens licença de teu pai? O que diz Polônio?

POLÔNIO
— Senhor, arrancou-me a tardia licença, pedindo porfiadamente; afinal, condescendi com a sua vontade, pondo-lhe o selo do meu duro consentimento. Peço-vos que o deixeis partir.

REI

— Escolhe a oportunidade, Laertes; o tempo é teu, dispende-o a teu gosto. Então... Hamlet? meu primo e meu filho...

HAMLET (*À parte.*)

— Um pouco mais do que primo e um pouco menos do que filho.

REI

— Por que motivo pesam ainda essas nuvens sobre ti?

HAMLET

— Não é assim, meu senhor; estou demasiadamente ao sol.

RAINHA

— Meu bom Hamlet, aparta para longe esse aspecto cor de noite e, com olhos de amigo, olha para o rei da Dinamarca. Não fiques eternamente com as pálpebras abatidas, procurando no pó da sepultura o teu ilustre pai. Sabes que é lei comum: tudo o que vive, há de morrer, passando pela natureza à eternidade.

HAMLET

— Sim, minha senhora, é lei comum.

RAINHA

— Sendo assim, por que te parece tão particular?

HAMLET

— *Parece*, senhora! Parece não, é. Não sei que coisa é *parece*. Não é só o meu manto negro como tinta, boa mãe, nem o traje habitual do luto solene, nem o suspirar lamentoso da respiração oprimida, nem o rio caudal que deriva dos olhos, nem a expressão dorida do semblante, junto a todas as formas e modos e manifestações da dor, que podem pintar o que sinto. Tudo isso *parece*, porque são ações que o homem pode fingir; porém tenho cá dentro alguma coisa que passa além das exterioridades; estas não são mais do que o adorno e atavio da dor.

REI

— É digno de ternura e de louvor para o teu caráter, Hamlet, que prestes a teu pai essa homenagem de sentimento. Porém — deves saber — teu pai perdeu um pai; este tinha perdido o seu; e o sobrevivente está em obrigação filial de manifestar por algum tempo as suas chorosas mágoas; mas perseverar obstinado na tristeza é gênero de impiedosa contumácia, é dor imprópria de homem, argúi uma vontade que se rebela contra o céu, um coração fraco, um espírito sem paciência, um entendimento simples e inculto. Para que havemos de tomar a peito com a nossa pertinaz oposição uma coisa que — como sabemos — tem de ser, e que é tão vulgar como tudo o que vulgarmente nos impressiona os sentidos? Não! Isso é pecado contra o céu, é ofensa aos mortos, é crime contra a natureza, é absurdo repugnantíssimo à razão, cujo tema comum é a morte dos pais, e que desde o primeiro cadáver até o homem que morreu hoje nunca cessou de bradar: "É força que seja assim". Desvia para longe essa tristeza inútil, peço eu; tem-me na conta de teu pai; é necessário que o mundo veja e repare que tu és o mais propínquo ao trono, e que a liberalidade do meu entranhado afeto para contigo não é inferior à que dedica ao filho o mais carinhoso dos pais. O propósito de regressares a Wittemberg para cursar aulas é de todo modo contrário aos meus desejos. Resolve-te a ficar aqui, sendo a consolação e alegria dos meus olhos, o meu principal valido, primo e filho.

RAINHA
— Hamlet, não deixes que tua mãe suplique em vão. Peço-te que fiques; não vás para Wittemberg.

HAMLET
— Senhora, em tudo vos obedecerei o melhor que possa.

REI
— Gentil e afetuosa resposta, na verdade. Sê, como eu próprio, na Dinamarca. Vamos, senhora; o amável e espontâneo assentimento de Hamlet pousa sorrindo no meu coração. Em honra de tão digno procedimento, nenhuma alegre saúde, a que o rei da Dinamarca beber hoje, deixará de ser anunciada às nuvens pelo ribombo do canhão; e o céu repetindo o trovão terrestre pregoará de novo o real brinde. Vamos.

(*Saem o Rei, a Rainha, a corte, Polônio e Laertes.*)

HAMLET
— Oh! se esta carne por extremo sólida pudesse derreter-se, fundir-se, resolver-se em orvalho! Ou se a Eternidade não tivesse

estatuído uma lei contra o suicida! Ó Deus! Ó Deus! Como todos os gozos deste mundo me parecem fastidiosos, gastos, rasteiros, improfícuos! Apre! que horrível mundo! É um campo inculto que produz a seu sabor, e em que unicamente brotam ervas daninhas e de baixa qualidade. Aonde chegaram as coisas! Há dois meses apenas que ele morreu... não, nem tanto... ainda não há dois meses... Um rei tão excelente! Comparado com o atual era um Apolo, e este um sátiro; tão adorador de minha mãe, que nem podia consentir ao vento celestial que lhe soprasse no rosto com aspereza. Céu e terra! Devo eu lembrá-lo? E ela debruçava-se-lhe nos braços, como se o apetite lhe crescesse quando o saciava. E, contudo, dentro de um mês... Não quero pensar em tal. Fragilidade, teu nome é mulher! Um breve mês; não estavam ainda velhos os sapatos com que, debulhada em pranto qual Níobe, acompanhou o corpo de meu pobre pai. E ela, ela mesma? Oh! céu! Uma bruta fera, privada do discurso da razão, havia de lamentar a perda por mais tempo. Casada com meu tio, irmão de meu pai, mas tão parecido com meu pai quanto eu me pareço com Hércules; dentro de um mês, antes que o sal das enganosas lágrimas lhe deixasse de avermelhar os olhos inflamados, casou! Oh! viciosíssima presteza! Correr com tamanha prontidão para os lençóis incestuosos! Não, isto é torpe, não pode acabar bem. Mas... quebra coração; é força que eu me cale.

(*Entram Horácio, Bernardo e Marcelo.*)

HORÁCIO
— Deus vos salve, senhor!

HAMLET
— Folgo em te ver bom. É Horácio, se me não engano.

HORÁCIO
— Eu mesmo, senhor; e sempre vosso humilde servo.

HAMLET
— Dize: o meu bom amigo; permutarei contigo este nome. Que fazes longe de Wittemberg, Horácio? — Marcelo?

MARCELO
— Meu bom senhor.

HAMLET
— Folgo muito em te ver.
(*A Bernardo*:)
Boa tarde, senhor.
Mas francamente que fazes tu longe de Wittemberg?

HORÁCIO
— Uma disposição para mandriar, senhor[5].

HAMLET
— Eu não consentiria que um inimigo teu dissesse coisa semelhante; e tu não hás de querer por tal forma constranger os meus ouvidos, que os obrigues a acreditar na informação que dás contra ti mesmo. Sei que não és mandrião. Que negócio tens em Elsenor? Antes de partir, hei de ensinar-te a beber bem.

HORÁCIO
— Senhor, vim assistir ao funeral de vosso pai.

HAMLET
— Peço-te que não zombes de mim, colega; creio que foi para assistir ao casamento de minha mãe.

HORÁCIO
— É verdade que foi logo em seguida.

HAMLET
— Economia, Horácio, economia! As quentes iguarias do banquete fúnebre[6] abasteceram, depois de frias, as mesas do festim nupcial. Eu antes queria ter encontrado no céu o meu inimigo mais encarniçado do que ter visto aquele dia, Horácio... Meu pai!... parece-me que o estou a ver.

HORÁCIO
— Onde, senhor?

HAMLET
— Nos olhos da alma, Horácio.

HORÁCIO
— Eu o vi uma vez; era um ótimo rei.

HAMLET
— Um homem tão completo em tudo, que não espero ver outro como ele.

HORÁCIO
— Senhor, creio que o vi a noite passada.

HAMLET
— Viste? Quem?

HORÁCIO
— O rei, vosso pai.

HAMLET
— O rei, meu pai?

HORÁCIO
— Reprimi a vossa admiração por algum tempo e prestai atenção a fim de que eu, com o testemunho destes senhores, possa referir-vos o prodígio.

HAMLET
— Pelo amor de Deus, conta-me.

HORÁCIO
— Duas noites a fio, os bravos cavaleiros Marcelo e Bernardo, estando de guarda, tiveram o seguinte encontro em meio do mais profundo silêncio e escuridão. Uma figura semelhante a vosso pai, armada da cabeça até os pés, apareceu-lhes na frente e com andar solene dirigiu-se lenta e majestosamente para eles. Três vezes passeou por diante dos seus olhos amendrontados à distância do bastão que empunhava; e eles, quase destilando gelo pelo susto, emudeceram e não lhe falaram. Contaram-me o fato como um segredo medonho, e eu na terceira noite fiquei também de guarda. À mesma hora, com o mesmo aspecto, veio a aparição tal qual tinham descrito, fazendo boa e verdadeira cada palavra. Reconheci o vosso pai; estas mãos não têm maior semelhança uma com a outra.

HAMLET
— Mas onde foi isso?

MARCELO
— Na esplanada, senhor, onde estávamos de guarda.

HAMLET
— Não lhe falastes?

HORÁCIO
— Falei eu, senhor; porém não deu resposta. Contudo, pareceu-me que uma vez levantara a cabeça e se movera como quem ia falar; eis que porém, nessa mesma ocasião, cantou o galo da manhã, e ele, ouvindo-lhe a voz, recuou depressa e desapareceu.

HAMLET
— É muito extraordinário.

HORÁCIO
— Meu venerado senhor, é tão certo como eu estar vivo; e julgamos que nos corria obrigação de informar a Vossa Alteza.

HAMLET
— Verdade, verdade, senhores, isto perturba-me a razão. Estais de guarda esta noite?

TODOS
— Estamos, senhor.

HAMLET
— Armado, dissestes?

TODOS
— Armado.

HAMLET
— Da cabeça até os pés?

TODOS
— Da cabeça até os pés.

HAMLET
— Então não lhe vistes a cara?

HORÁCIO
— Sim, meu senhor, vimos; tinha a viseira levantada.

HAMLET
— E o rosto era carregado?

HORÁCIO
— Um semblante mais de tristeza que de cólera.

HAMLET
— Pálido ou vermelho?

HORÁCIO
— Ah! Muito pálido.

HAMLET
— E fitou em vós o olhar?

HORÁCIO
— Constantemente.

HAMLET
— Quem me dera ter estado lá!

HORÁCIO
— Teríeis ficado cheio de pavor.

HAMLET
— É provável, muito provável. Demorou-se muito?

HORÁCIO
— O tempo em que se pode, com moderada presteza, contar até cem.

BERNARDO e MARCELO
— Mais, mais.

HORÁCIO
— Não quando eu o vi.

HAMLET
— A barba era grisalha, não?

HORÁCIO
— Era de um negro prateado, como em vida.

HAMLET
— Ficarei de guarda esta noite; pode ser que ele volte.

HORÁCIO
— Eu afianço que volta.

HAMLET
— Se revestir o aspecto de meu pai, hei de falar-lhe, ainda que o próprio inferno escancare as goelas e ordene que me cale. Se até agora encobristes o caso da aparição, continuai a tê-lo em silêncio, peço-vos a todos; e qualquer coisa que porventura suceda esta noite, confiai ao entendimento, não à língua. Eu retribuirei a vossa amizade. Adeus. Das onze para a meia-noite irei ter convosco à esplanada.

TODOS
— Somos servidores de Vossa Alteza.

HAMLET
— Sede meus amigos, como eu sou vosso. Adeus.
(*Saem Horácio, Marcelo e Bernardo.*)
O espírito de meu pai vestido de armas! Tudo isto não vai bem. Desconfio dalgum horrendo mistério. Quem dera que já fosse noite! Até lá, fica em sossego, minha alma! As ações torpes hão de vir a lume, ainda que as abafe a terra inteira!
(*Sai.*)

CENA III

Um quarto em casa de Polônio.

(Entram Laertes e Ofélia.)

LAERTES

— A minha bagagem foi já para bordo; adeus! E agora, irmã, sempre que haja vento favorável e esteja de partida algum navio, não sejas preguiçosa, manda-me notícias tuas.

OFÉLIA

— Pões isso em dúvida?

LAERTES

— Pelo que respeita a Hamlet e à frivolidade dos seus galanteios, considera tudo isso moda passageira, um divertimento sensual, uma violeta do abril da existência, precoce mas efêmera, suave mas não duradoura; o perfume e o deleite de um minuto, nada mais.

OFÉLIA

— Nada mais?

LAERTES

— Não cuides que é outra coisa; porque a natureza, no seu crescimento, não desenvolve só os músculos e a massa do corpo; mas à medida que esse templo se dilata, aumentam por igual os íntimos deveres do pensamento e da alma. Pode bem ser que ele te ame agora, que nenhuma baixeza, nenhuma deslealdade macule a pureza de seus sentimentos; mas, ponderando a grandeza da sua posição, deves recear que não seja senhor da sua vontade. Hamlet é escravo do berço em que nasceu; não pode escolher por si, como as pessoas de baixa condição, porque dessa escolha depende a segurança e salvação de todo o reino, devendo, portanto, circunscrever-se ao voto e aprovação do corpo, cuja cabeça é. Se, por conseguinte, disser que te ama, importa que o teu juízo acredite apenas tanto quanto ele puder converter as palavras em fatos, dentro dos limites dos seus deveres e da sua posição: esses limites assina-os a voz unânime da Dinamarca[7]. Considera, pois, que perda sofreria a tua honra, se prestasses crédulo ouvido às suas loas, ou perdesses o teu coração, ou abrisses o tesouro da tua castidade às suas descomedidas instâncias. Teme, Ofélia, teme essa desgraça, querida irmã; fica na retaguarda do teu afeto, fora do alcance e do perigo dos desejos. A mais esquiva donzela é já bastante pródiga, se manifesta à lua os seus encantos. A própria virtude não evita os golpes da calúnia; o verme corrói as filhas da primavera, muitas vezes antes de se lhes abrirem os botões; e na aurora da juventude, na ocasião dos límpidos orvalhos, são mais ameaçadoras as exalações contagiosas. Acautela-te pois; a melhor salvaguarda é o medo: a mocidade revolta-se por si mesma, ainda que não tenha ao pé quem a instigue.

OFÉLIA

— Hei de reter na memória o sentido desta boa doutrina, como guarda do meu coração. Mas, querido Laertes, não faças como pregador ímpio, que mostra o caminho árduo e espinhoso do céu, e, entretanto — enfatuado e descuidoso libertino —, pisa a estrada viçosa dos deleites e não lhe importa o sermão.

LAERTES

— Não te assustes por mim. Já me demorei demais. Aí vem meu pai.

(*Entra Polônio.*)

Uma bênção duplicada é duplicada ventura. Sorri a ocasião de tornar a despedir-me.

POLÔNIO

— Ainda aqui, Laertes! Para bordo! para bordo! Que vergonha! O vento sopra no flanco da tua vela, e todos esperam por ti. Ora pois, eu te abençoo (*Pondo a mão sobre a cabeça de Laertes.*), e procura gravar na memória estes preceitos: não dês língua aos teus pensamentos, nem ponhas por obra ideia alguma irrefletida. Sê tratável, porém vulgar de modo nenhum. Os amigos que tiveres de fidelidade experimentada, prende-os à tua alma com círculos de aço; mas não calejes a mão apertando a de qualquer camarada que tiveres desencantado na véspera. Guarda-te de entrar em questão; mas envolvido nela, procede de maneira que o adversário haja de temer-te. Presta ouvido a todos e confia as tuas palavras a pouca gente. Acolhe a opinião de cada um; mas reserva o teu juízo. Traja com a elegância e a riqueza que puder pagar a tua bolsa; o traje, porém, não seja talhado pela fantasia — rico sem ser ostentoso — porque o vestuário dá muitas vezes a conhecer o homem, e em França os de melhor estirpe e condição requintam principalmente em pontos de elegância. Não peças emprestado nem emprestes; emprestar é muitas vezes perder o dinheiro e o amigo, pedir emprestado embota os fios da economia[8]. Uma coisa acima de tudo: sê verdadeiro contigo mesmo; e daí seguir-se-á, como a noite ao dia, que a nenhum homem poderás ser falso. Adeus. Que a minha bênção torne estes conselhos frutuosos.

LAERTES
— Senhor, despeço-me com a maior humildade.

POLÔNIO
— A hora chama por ti; vai; os teus criados esperam-te.

LAERTES
— Adeus, Ofélia; lembra-te bem do que eu te disse.

OFÉLIA
— Está tudo fechado na memória, e tu guardarás a chave.

LAERTES
— Adeus.
(*Sai.*)

POLÔNIO
— Ofélia, o que te disse ele?

OFÉLIA
— Permiti, senhor... disse-me algumas coisas a respeito de Hamlet.

POLÔNIO
— Bem pensado! Contaram-me que ele tem ultimamente conversado contigo repetidas vezes em particular, e que tens sido por extremo franca e generosa em escutá-lo. Se assim é (e assim me avisaram como meio de precaução), devo dizer-te que não compreendes claramente aquilo que cumpre a uma filha minha e à tua honra. Fala-me a verdade: o que há entre vós?

OFÉLIA
— Senhor, nestes últimos tempos, Hamlet tem-me feito muitos protestos da sua afeição.

POLÔNIO

— *Afeição*! qual afeição! Falas como rapariga muito nova, que ainda não passou pela joeira desses perigos. Acreditas nos seus protestos, como lhes chamas?

OFÉLIA

— Não sei o que deva pensar.

POLÔNIO

— Pois bem; eu te ensino. Pensa que és uma criança e que tomaste por dinheiro corrente esses protestos, que não são ouro de lei. Protesta que vales muito mais; ou, então (para não atormentar mais a pobre frase), deprimindo assim o teu valor, chegarás a *protestar* que sou um tolo.

OFÉLIA

— Senhor, ele tem-me falado de amor por modo honrado.

POLÔNIO

— Podes dizer *por moda*... continua, continua.

OFÉLIA

— E tem corroborado as suas palavras invocando o céu com os mais sagrados juramentos.

POLÔNIO

— Sim! laços para apanhar galinholas! Eu bem sei quanto a alma é pródiga em emprestar juramentos à língua, quando o sangue ferve. Filha, não deves tomar por fogo esses lampejos que dão mais brilho do que calor — ambas estas coisas extinguem-se logo na ocasião de se fazer a promessa. De hoje em diante, poupa mais a tua presença virginal; avalia os teus colóquios em mais alto preço do que um simples convite para conversar. Pelo que respeita a Hamlet, lembra-te principalmente de que ele é moço e pode alargar as rédeas mais do que te é lícito. Numa palavra, Ofélia, não creias nos seus votos; são enganadores; não têm a mesma cor de que se vestem; são intercessores de malvadas pretensões, que, para enganar melhor, formulam juramentos sacrossantos e piedosos. Por último e em termos claros: de hoje em diante, não quero que aviltes um momento dos teus ócios entretendo-te a conversar com Hamlet. Toma bem cuidado, ordeno-te eu; vai.

OFÉLIA
— Obedecerei, senhor.
(*Saem.*)

CENA IV

A plataforma.

(Hamlet, Horácio e Marcelo.)

HAMLET
— Está frigidíssimo; o ar corta.

HORÁCIO
— Está um ar penetrante e áspero.

HAMLET
— Que horas são?

HORÁCIO
— Pouco falta para as doze, creio eu.

MARCELO
— Não, já deram.

HORÁCIO
— Deveras? Não ouvi. Então aproxima-se a hora em que o espírito costuma a atravessar.
(*Ouvem-se tiros e música fora de cena.*)
Que significa isto, meu senhor?

HAMLET
— Que o rei passa a noite em vigília, embebeda-se, entoa canções alegres, baila danças ruidosas e, a cada gole de Reno que bebe, as trombetas e timbales zurram a importância do brinde.

HORÁCIO
— Isso é costume?

HAMLET

— É sim; mas apesar de eu ter nascido aqui e de ser educado para esse costume, em minha opinião, é mais honroso infringi-lo do que observá-lo. Esses pagodes[9], que sobrecarregam a cabeça, fazem com que do oriente ao ocidente sejamos censurados e condenados pelas outras nações; tacham-nos de bêbedos e sujam o nosso nome com a alcunha de porcos. E, na verdade, por mais levantados que sejam os nossos feitos, basta isso para tirar-lhes o tutano e o miolo da glória que merecem. O mesmo sucede frequentemente com os indivíduos que têm em si a mancha de algum defeito natural. Se porventura nasceram (do que não são culpados, visto que a natureza não escolhe a sua origem) com o predomínio desta ou daquela disposição de temperamento, que derriba muitas vezes as trincheiras e os fortes da razão, ou com algum hábito que faça levedar em excesso a massa das maneiras delicadas; como esses homens, digo eu, trazem estampado um único defeito — libré da natureza ou cicatriz da fortuna — as suas outras virtudes (ainda que sejam tão puras como a graça, tão infinitas quanto pode a humanidade possuir), segundo a opinião geral, serão corrompidas por aquele defeito só! Uma gota de impureza rebaixa toda a substância nobre ao nível da sua própria degradação.

(*Entra o Espectro*.)

HORÁCIO

— Olhai, senhor; aí vem.

HAMLET

— Anjos e ministros de graça, defendei-nos! Sejas tu espírito de bênção ou fantasma condenado, exales de ti auras celestiais ou vapores do inferno, seja maligno ou caridoso o teu intento, apresentas-te sob uma forma tão tratável[10] que hei de falar-te indispensavelmente. Hei de chamar-te Hamlet, rei, pai, senhor da Dinamarca! Oh! responde. Não consintas que eu me abrase na ignorância! Mas dize-me: por que motivo os teus ossos venerandos, sepultados na morte, rasgaram a mortalha? Por que motivo o sepulcro em que te vimos tranquilamente encerrado abriu a pesada boca de mármore e te arrojou novamente para fora? Que significa isto? Por que motivo tu, corpo inanimado, tomando de novo a armadura completa[11], volves a contemplar os raios da lua fazendo a noite medonha, e nós — ludíbrio da natureza — estremecemos horrorizados em toda a nossa fábrica humana com pensamentos que excedem o alcance da nossa alma? Dize: por que é isto? com que fim? que devemos fazer?

HORÁCIO
— Está a fazer-vos sinal para que vos retireis com ele, como se desejasse comunicar-vos alguma coisa a sós!

MARCELO
— Vede a maneira cortês como vos chama para sítio mais afastado; porém não ide.

HORÁCIO
— Não, por forma alguma.

HAMLET
— Ele não quer falar aqui; então vou segui-lo.

HORÁCIO
— Não façais tal, senhor.

HAMLET
— Por quê? O que posso eu recear? Não dou à minha vida o valor dum alfinete; e, pelo que respeita à alma, que lhe pode fazer o espectro sendo ele uma coisa imortal, como ele é? Acena-me de novo; sigo-o.

HORÁCIO
— Mas, senhor, se ele vos arrastar para a corrente, ou para o medonho cimo do outeiro, que se empina sobre as ondas? E se, chegando aí, assumir qualquer outra forma horrível, que vos prive da soberania da razão e vos despenhe na loucura? Pensai nisto: o próprio lugar, sem outro motivo, causa transportes de desespero em todo cérebro que olha para o mar a tantas toezas de profundidade, e o ouve roncar embaixo.

HAMLET
— Torna a fazer-me sinais. Vamos; sigo-te.

MARCELO
— Não haveis de ir, senhor.

HAMLET
— Tira as mãos!

HORÁCIO
— Sede razoável; não ide.

HAMLET
— O meu destino brada por mim e torna cada pequena artéria deste corpo tão rija como os nervos do leão de Nemeia.

(*O Espectro faz sinais.*)

Ainda me está chamando. Largai-me, senhores.

(*Libertando-se deles.*)

Pelo céu! que reduzo a uma sombra aquele que me fizer estorvo! Para trás!

(*Ao Espectro*:)

Anda, sigo-te.

(*Saem Hamlet e o Espectro.*)

HORÁCIO
— A imaginação enfurece-o.

MARCELO
— Sigamo-lo; é contra o nosso dever obedecer-lhe assim.

HORÁCIO
— Vamos. Em que dará tudo isto?

MARCELO
— Há alguma coisa podre no reino da Dinamarca.

HORÁCIO
— O céu determinará.

MARCELO
— Bem; sigamo-lo.

(*Saem.*)

CENA V

Uma parte mais remota da plataforma.

(Entram Hamlet e o Espectro.)

HAMLET
— Para onde queres levar-me? Fala; eu não avanço mais.

ESPECTRO
— Escuta-me.

HAMLET
— Escuto.

ESPECTRO
— É quase chegada a hora em que devo restituir-me às chamas sulfúreas e tormentosas.

HAMLET
— Ah! pobre espírito!

ESPECTRO
— Não tenhas piedade de mim; mas presta séria atenção ao que te vou revelar.

HAMLET
— Fala, tenho obrigação de ouvir.

ESPECTRO
— E depois de ouvir, terás também obrigação de vingar.

HAMLET
— O quê?

ESPECTRO
— Eu sou o espírito de teu pai, condenado por um certo tempo a errar durante a noite e a jejuar de dia, em prisões de fogo, até serem consumidos e purgados os feios crimes que em vida pratiquei. Se me não fora proibido referir os segredos da minha prisão, havia de contar-te uma história, cuja palavra mais insignificante retalharia a

tua alma, gelaria o teu sangue juvenil, faria saltar fora das órbitas os teus olhos como duas estrelas, despentearia as madeixas aneladas da tua cabeça e havia de eriçar cada um dos teus cabelos como dardos de raivoso porco-espinho. Mas estas revelações da eternidade não são para ouvidos de carne e sangue... Escuta... escuta... oh! escuta! Se amaste alguma vez teu amoroso pai.

HAMLET
— Ó céu!

ESPECTRO
— Vinga o seu assassínio horrível e desnaturado.

HAMLET
— Assassínio?

ESPECTRO
— Um assassínio horribilíssimo, como são todos, ainda os menos criminosos; porém este foi o mais hediondo, o mais estranho, o mais repugnante à natureza.

HAMLET
— Apressai-vos em contar-mo para que eu possa voar à minha vingança com asas tão ligeiras como a meditação ou como os pensamentos de amor[12].

ESPECTRO
— Vejo que estás disposto; e se com isto não ficasses comovido, serias mais inerte do que a erva daninha que apodrece à vontade nas margens do Letes. Agora, Hamlet, escuta: espalhou-se o boato de que uma serpente me picara estando eu a dormir no meu jardim; e, desta forma, os ouvidos de toda a Dinamarca foram grosseiramente escarnecidos com uma forjada explicação da minha morte. Porém, sabe tu, ilustre jovem: a serpente que mordeu teu pai e lhe tirou a vida agora cinge-lhe a coroa.

HAMLET
— Ó minha alma profética! Meu tio?

ESPECTRO

— Sim; essa besta incestuosa, adúltera, com a magia do seu espírito e com os seus dotes pérfidos (oh! amaldiçoado espírito, amaldiçoados dotes que têm tanto poder de seduzir!) rendeu à sua concupiscência vergonhosa a minha rainha, ao parecer virtuosíssima. Ó Hamlet, que enorme queda! De mim, cujo amor era de tal dignidade que sempre andou par a par com o juramento que lhe fiz quando casei, descair até o miserável, cujas qualidades naturais eram pobres comparadas com as minhas. Mas assim como a virtude nunca será abalada, ainda que o vício a requeste sob uma forma divina, assim também a luxúria, ainda que unida a um anjo radioso, há de enfastiar-se de um leito celestial, irá cevar-se na imundície. Mas devagar! Parece-me sentir a brisa da manhã. Sejamos breves. Estando eu a dormir no jardim, como sempre costumava de tarde, teu tio, naquela hora sossegada, aproximou-se de mim, pé ante pé, com um frasco do maldito óleo de meimendro e despejou-me no buraco do ouvido o leproso veneno. O efeito desse veneno tem tal inimizade ao sangue do homem que, vivo como azougue, gira pelos caminhos e portas naturais do corpo, e com rápida energia coagula o sangue puro e fluido como gotas de ácido em leite. Assim fez ao meu: de repente uma doença de pele encortiçou-me o liso corpo, e fiquei, como Lázaro, coberto de uma crosta imunda e asquerosa. Eis o modo, por que estando eu adormecido, fui pelo braço de meu próprio irmão esbulhado a um tempo da vida, da coroa, da rainha. Morto exatamente na flor dos meus pecados, sem sacramentos, sem estar preparado, sem ser ungido, mandado dar contas a Deus sem ter entrado em conta comigo mesmo, levando sobre minha cabeça todas as minhas imperfeições. Oh! horrível! horrível! mais que muito horrível! Se há coração em ti, não sofras isto. Não deixes que o tálamo real da Dinamarca seja ninho de luxúria e de incesto condenado! Mas de qualquer maneira por que hajas de proceder, não macules a tua alma nem consintas que o teu espírito maquine alguma coisa contra tua mãe; entrega-a ao céu e aos espinhos que lhe moram no peito para pungi-la e torturá-la. Adeus, uma vez por todas. O pirilampo mostra que se aproxima a aurora; o seu fogo morto começa a empalidecer. Adeus! adeus! adeus! adeus! Lembra-te de mim!

(*Sai.*)

HAMLET

— Ó legiões do céu! Ó terra! Que mais? Acaso hei de emparelhar convosco o inferno? Reprime-te, reprime-te, coração! E vós, músculos meus, não envelheçais de repente, sustentai-me de pé! Lembrar-me de ti? Sim, pobre espírito, hei de lembrar-me enquanto neste globo desordenado houver um pouso para a memória. Lembrar--me de ti? Sim; do registro da minha lembrança hei de apagar toda recordação frívola e fútil, todas as máximas dos livros, todas as formas, todos os vestígios do passado, que a observação e a juventude tenham insculpido lá; e nas páginas, no volume do meu cérebro, há de apenas viver o teu mandado sem mistura de assunto mais rasteiro. Sim, juro pelo céu! Ó mulher mais nefasta do que todas as outras! Ó infame! infame! hipócrita! excomungado vilão! A minha lousa! Convém apontar que um homem pode sorrir, tornar a sorrir, e ser um celerado. Tenho a certeza de que, pelo menos, pode suceder assim na Dinamarca. (*Escreve.*) Cá estás, querido tio. Agora o meu santo e senha será: *Adeus, adeus, lembra-te de mim*. Jurei-o.

HORÁCIO (*Fora de cena.*)
— Senhor! senhor!

(*Entram Horácio e Marcelo.*)

MARCELO
— Senhor!

HORÁCIO
— O céu o defenda!

HAMLET
— Assim seja!

MARCELO
— Olá! olá! oh! senhor!

HAMLET
— Olá! oh! oh! rapaz! Vem, meu falcão! vem!

MARCELO
— Então, meu nobre senhor?

HORÁCIO
— Que novidade temos, senhor?

HAMLET
— Oh! uma novidade assombrosa!

HORÁCIO
— Dizei, meu bom senhor.

HAMLET
— Não; que a ides revelar.

HORÁCIO
— Eu não, senhor; juro pelo céu.

MARCELO
— Nem eu, meu senhor.

HAMLET
— Então o que dizeis? Como poderia um coração de homem pensar tal coisa? Mas haveis de guardar segredo.

AMBOS
— Sim, meu senhor; pelo céu.

HAMLET
— Em ponto algum da Dinamarca existe um celerado que seja tão rematado traidor.

HORÁCIO
— Para nos dizer isso não era preciso que um espírito saísse do túmulo.

HAMLET
— Sim, tendes razão; essa é a verdade; e, portanto, sem mais rodeios, julgo conveniente que demos as mãos e que nos separemos: vós ireis para onde vos chamarem os vossos negócios e tendências (todo homem tem negócios e tendências, quaisquer que sejam); e eu, por minha humilde parte — vede — eu vou rezar.

HORÁCIO
— São palavras desordenadas e febris, senhor.

HAMLET
— Lamento de coração que te ofendam; sim, por minha fé, lamento de coração.

HORÁCIO
— Nisso não há ofensa, senhor.

HAMLET
— Há sim, por São Patrício! há uma ofensa e muito grave. Pelo que respeita à visão, permiti que vos diga que é um espectro honesto; quanto ao desejo de saberdes o que há entre mim e ele, dominai esse desejo como puderdes. E agora, meus bons amigos, visto que sois amigos, condiscípulos e companheiros de armas, concedei-me um favor insignificante.

HORÁCIO
— Qual é, meu senhor? Está concedido.

HAMLET
— Nunca torneis conhecido o que esta noite presenciastes.

AMBOS
— Não tornaremos, senhor.

HAMLET
— Bem; mas jurai.

HORÁCIO
— Por minha fé, senhor, nunca o hei de revelar.

MARCELO
— Nem eu, senhor, por minha fé.

HAMLET
— Sobre a minha espada.

MARCELO
— Juramos já, senhor.

HAMLET
— Jurai a valer sobre a minha espada, jurai.

ESPECTRO (*Debaixo da terra.*)
— Jurai.

HAMLET
— Olá! olá! meu rapaz! dizes isso? estás aí, bom homem? Aproximai-vos; estais ouvindo falar aquele amigo lá embaixo; consenti em jurar.

HORÁCIO
— Proponde o juramento, senhor.

HAMLET
— Jurai pela minha espada que nunca falareis do que presenciastes.

ESPECTRO (*Debaixo da terra.*)
— Jurai.

HAMLET
— *Hic et ubique**? Então mudemos de lugar. Vinde, senhores, e ponde outra vez as mãos sobre a minha espada. Jurai pela minha espada que nunca falareis do que ouvistes.

ESPECTRO (*Debaixo da terra.*)
— Jurai pela sua espada.

HAMLET
— Disseste bem, velha toupeira! Como trabalhas depressa debaixo da terra! Valente gastador! Mais uma vez, meus bons amigos, mudemos de lugar.

HORÁCIO
— Oh! Pelo dia e pela noite! É um prodígio estranho!

HAMLET

— Por consequência acolhei-o, como se faz a um estranho[13]. Horácio, no céu e na terra há mais coisas do que sonha a vossa filosofia. Mas vamos: agora aqui jurai, como há pouco fizestes, que nunca — assim Deus vos ajude! —, por mais extravagante e insólito seja o meu procedimento (porque talvez se me afigure necessário afetar de hoje em diante um caráter fantástico), jurai que ao ver-me assim, nunca denotareis saber de mim alguma coisa, cruzando os braços deste feitio, ou abanando com a cabeça, ou pronunciando alguma frase duvidosa como: "Bem, bem, nós sabemos"; ou: "Nós podíamos se quiséssemos"; ou: "Se tivéssemos vontade de falar"; ou: "Há gente que, se pudesse..." ou quaisquer palavras igualmente ambíguas. Jurai isso, e a graça e favor do céu vos assista nas vossas aflições! Jurai.

ESPECTRO (*Debaixo da terra.*)

— Jurai.

HAMLET

— Sossega, sossega, alma penada! Agora, senhores, entrego-me em vossas mãos com todo o meu afeto; e quanto um pobre homem como Hamlet puder fazer para testemunhar a sua dedicação e amizade, tanto há de fazer-se como o auxílio de Deus. Retiremo-nos juntos; sempre com o dedo sobre os beiços, peço-vos eu. Anda tudo desconcertado no nosso tempo. Amaldiçoado destino! Ter eu nascido para restabelecer a ordem! Bem, vamos, retiremo-nos juntos.

(*Saem.*)

❖

Notas do Ato I

[1] O original diz: *a piece of him.*
Francisco Hugo traduz: *un peu.*
Guizot: *un petit morceau de lui.*
Rusconi: *un brano di lui.*
Não compreendemos o que seja um pouco dele, um pedaço dele, etc.; e como desejávamos traduzir a frase de um modo inteligível, procuramos todas as acepções que pode ter a palavra *piece*. No grande dicionário de Johnson encontramos a acepção de *picture, a representation of anything by drawing, a resemblance to the eye or understanding*. Já nos bastava isso; porém fomos ainda consultar o dicionário de Webster, depois o de Walker, depois o *Imperial Dictionary*, e em todos encontramos a mesma acepção autorizada com exemplos de Pope e Dryden.

Portanto, *piece* também quer dizer: *a figura, a representação, a semelhança, a coisa parecida, o vulto*. Eis o motivo da nossa interpretação, que está perfeitamente de acordo com as circunstâncias em que se acha Horácio. É noite funda. Bernardo distingue apenas vultos e, querendo saber quem sejam os dois homens acabados de chegar, pergunta: "É Horácio quem está aí?" A resposta é naturalíssima: "O vulto dele".

[2] O original diz: *approve our eyes*. Ora, isto na opinião dos mais distintos comentadores quer dizer: *add a new testemony to that of our eyes*. É o que se exprime em português pelo verbo *corroborar*.

[3] Em inglês lê-se: *scholar*, que significa um letrado, um erudito. Marcelo acentua bem essa qualidade que distinguia Horácio, porque, segundo a crença popular da Idade Média, para falar com os espíritos era preciso ser sábio.

[4] *Did squeak and gibber.*
Francisco Hugo diz: *les morts en linceul allèrent, poussant des cris rauques.*
Guizot: *les morts en linceul s'en allaient criant et gémissant.*

To squeak no dicionário de Webster é *to utter a shrill sound*, emitir um grito agudo, lamentoso. Não precisamos da perífrase a que recorreram aqueles tradutores, porque temos o verbo *ulular*, que significa dar grandes gritos lamentosos, e que se encontra a cada passo em Garrett, Camilo, Latino Coelho e nos antigos clássicos.

[5] *A truant disposition.*
Francisco Hugo traduz: *un caprice de vagabond.*
Guizot: *un naturel de vagabond.*
Montégut: *une envie de dissipation.*
No dicionário de Webster *truant* quer dizer *idle*, ocioso, desaplicado. *Mandriar* é fazer vida de ocioso, desaplicado.

[6] Antigamente era costume servir iguarias frias às pessoas que assistiam ao funeral. Em alguns condados ingleses, esta prática perpetuou-se entre os *yeomen*.

[7] No tempo a que Shakespeare se refere, a monarquia na Dinamarca era eletiva.

[8] *Dulls the edge of husbandry*. Em quase todos os tradutores se encontra esta frase traduzida literalmente. Não duvidamos seguir-lhes o exemplo porque os nossos bons autores escrevem muitas vezes: *embotar os fios do desejo*, querendo significar diminuir, entibiar, enfraquecer o desejo. Também dizem, pelo contrário, *dar fios ao temor*, *à esperança*, no sentido de tornar mais vivos esses afetos. Como se vê, é metáfora tirada do fio das armas — observa Moraes.

[9] Francisco Hugo, traduzindo literalmente, diz: *débauches*; mas ainda que modernamente se empregue o termo *deboche*, preferimos *pagode* porque o julgamos mais português, e porque exprime a ideia com todo o rigor. Os nossos bons autores aplicam a palavra *pagode* para significar "as funções e divertimentos de comezaina e danças".

[10] A frase inglesa é: *questionable shape.*
Francisco Hugo diz: *une forme si émouvante.*
Guizot: *une forme si provoquante.*
Montégut: *une forme si inquiétante.*
Rusconi: *forma si sacra.*
Nenhuma destas interpretações nos satisfaz tão completamente como a de um erudito comentador, que atribui ao adjetivo *questionable* uma outra acepção. Diz ele que no tempo de Shakespeare *to question* significava *to converse*, e, portanto, *questionable shape* quer dizer: *a shape or form capable of being conversed with*. Ora, *tratável* em português significa exatamente o homem com quem se pode tratar, conversar.

[11] Os reis da Dinamarca eram enterrados assim.

[12] Esta comparação é de uma beleza encantadora. A palavra *meditation* era consagrada pelos místicos para designar o arrebatamento da alma que aspira ao gozo da suprema ventura. De sorte que Hamlet só acha comparável à rapidez da sua vingança as duas coisas mais rápidas que é possível imaginar: a ardência da paixão divina e humana, experimentada por um fanático e por um amante.

* Expressão latina que significa *aqui e em toda parte*. (N. do E.)

[13] Horácio diz: *É um prodígio estranho*, e Hamlet faz o trocadilho, que se pode traduzir perfeitamente em português: *Acolhei-o como se faz a um estranho*. Quer dizer: Dai-lhe guarida dentro de vossa casa — ou melhor — ocultai-o, aludindo às leis da hospitalidade. E era isso o que Hamlet pretendia.

❖

Ato II

CENA PRIMEIRA
Um quarto em casa de Polônio.

(Entram Polônio e Reynaldo.)

POLÔNIO
— Entrega-lhe este dinheiro e estas cartas, Reynaldo.

REYNALDO
— Sim, meu senhor.

POLÔNIO
— Serias de uma prudência maravilhosa, bom Reynaldo, se, antes de o procurar, te informasses do seu comportamento.

REYNALDO
— É o que eu já pensava, senhor.

POLÔNIO
— Bem pensado, por Deus! muito bem pensado! Olha, antes de tudo, sabe-me que dinamarqueses estão em Paris; quem são; onde, como, de que meios vivem, qual a sua sociedade, quais as suas despesas; e quando, à força de perguntas, concluíres que conhecem meu filho, avança um pouco mais; podes então fazer indagações particulares a seu respeito. Dá a entender que tens com ele relações muito remotas; dize, por exemplo: "Conheço o pai e os amigos, e a ele também o conheço um pouco". Percebes, Reynaldo?

REYNALDO
— Perfeitamente, meu senhor.

POLÔNIO
— "Também o conheço um pouco; ainda que" — podes acrescentar — "não muito bem; mas, se é de quem eu falo, é um extravagante dado a isto e a aquilo..." E deita-lhe para cima das costas tudo o que te parecer; porém, nada tão baixo que o desonre, toma cuidado. Limita-te às leviandades, aos extravios e desmandos habituais, tidos e havidos por companheiros da juventude e da liberdade.

REYNALDO
— Jogar, por exemplo.

POLÔNIO
— Sim; ou beber, esgrimir, jurar, contender, ser mulherengo; até aí podes chegar.

REYNALDO
— Isso podia desonrá-lo, senhor.

POLÔNIO
— Não, por minha fé, se souberes dourar[1] a acusação. Não deves caluniá-lo apresentando-o como naturalmente propenso à libertinagem; não é isso o que pretendo dizer. Mas aponta-lhe as faltas com tanta sutileza, que pareçam apenas desvios da liberdade, a faísca, o impulso de um espírito ardente, a braveza de um sangue indômito, que todos experimentam na juventude.

REYNALDO
— Mas, meu bom senhor...

POLÔNIO
— Com que intuito hás de fazer isso?

REYNALDO
— É o que eu desejava saber.

POLÔNIO
— Pois bem; o meu fim é este, e o plano (creio eu) é seguríssimo.

Lançando estes pequenos defeitos à conta de meu filho, como se se tratasse duma coisa que se tivesse enchido de nódoas com o ...uso — nota bem — se... o teu interlocutor... aquele que pretendes sondar... tiver observado no jovem a que aludes alguns dos mencionados vícios, acabará — tem a certeza — por dizer-te: "Meu bom senhor", ou "meu amigo", ou "cavalheiro", segundo a frase e o tratamento usados no país ou pelo homem.

REYNALDO
— Muito bem, meu senhor.

POLÔNIO
— E então ele... então ele... o que ia eu a dizer?... Eu ia a dizer alguma coisa... onde fiquei eu?

REYNALDO
— Acabará por dizer-te...

POLÔNIO
— Acabará por dizer-te... É verdade, sim... Acabará por dizer-te: "Conheço o rapaz; vi-o ontem ou noutro dia, em tal ou tal ocasião; com fulano ou sicrano; e, como dizeis, estava jogando"; ou: "Surpreendi-o a embebedar-se"; ou "Estava brigando por causa do jogo da pela"; ou talvez: "Vi-o entrar em certa casa de má nota (*videlicet** um bordel)"; ou qualquer coisa assim. Agora já vês: com a isca da tua mentira pescas a carpa da verdade; é desta forma que nós, homens prudentes e atilados, achamos indiretamente a nossa direção, entortando e enviezando o caminho. E assim, em conformidade com as minhas instruções e advertências, obterás informações de meu filho. Entendeste-me ou não?

REYNALDO
— Entendi, meu senhor.

POLÔNIO
— Deus seja contigo. Adeus.

REYNALDO
— Meu bom senhor...

POLÔNIO
— Observa tu mesmo as suas tendências.

REYNALDO
— Hei de observar, meu senhor.

POLÔNIO
— Deixa-o cantar à vontade.

REYNALDO
— Bem, meu senhor.
(*Sai.*)

(*Entra Ofélia.*)

POLÔNIO
Adeus.
(*A Ofélia:*)
O que é Ofélia? o que aconteceu?

OFÉLIA
— Oh! senhor! senhor! fiquei tão assustada!

POLÔNIO
— Por que, em nome do céu?

OFÉLIA
— Estava eu a coser no meu quarto, e Hamlet apresentou-se diante de mim com o gibão todo aberto, sem chapéu na cabeça, meias enxovalhadas, sem ligas, caindo sobre o tornozelo, pálido como a sua camisa, batendo com os joelhos um no outro e com um ar que movia tanto à compaixão, como se o tivessem libertado do inferno para falar de horrores.

POLÔNIO
— Louco por amor de ti?

OFÉLIA
— Não sei, senhor; mas na verdade receio que sim.

POLÔNIO

— Que disse ele?

OFÉLIA

— Travou-me do pulso e prendeu-me com força; depois afastou-se todo o comprimento do seu braço e com a outra mão... assim... na testa principiou a examinar-me o rosto, como se quisesse desenhá-lo. Esteve muito tempo nesta posição. Afinal — sacudindo um pouco o meu braço e movendo a cabeça três vezes para baixo e para cima — emitiu um suspiro tão profundo e lastimoso, que pareceu fazer estremecer-lhe todo o corpo e acabar-lhe com a vida. Feito isto, deixou-me; e com a cabeça voltada por cima do ombro, dir-se-ia que atinava com o caminho, sem olhos, porque saiu à porta sem o auxílio deles, tendo o olhar cravado, até à última, sobre mim.

POLÔNIO

— Anda, vem comigo; vou ter com o rei. Isso é o verdadeiro êxtase do amor, cujo poder violento a si mesmo se destrói e conduz mais vezes o espírito a empresas desesperadas do que nenhuma outra paixão que nos aflige debaixo do céu. Estou penalisado... Olha lá: disseste-lhe ultimamente algumas palavras duras?

OFÉLIA

— Não, meu bom senhor; mas, segundo me ordenastes, rejeitei--lhe as cartas e neguei-lhe entrada junto de mim.

POLÔNIO

— Eis o que o enlouqueceu. Pesa-me não o ter avaliado com mais atenção e critério. Receei que ele apenas quisesse brincar e pensasse em cavar a tua ruína. Mal haja o meu ciúme! Parece que é tão próprio da nossa idade sermos exagerados em precauções nas nossas conjeturas, quanto é comum à gente nova carecer de discrição. Vamos ter com o rei. Há mister que isto se saiba; pois ocultar este amor pode acarretar-nos mais tristezas do que a sua revelação nos pode trazer ódios. Vamos.

(*Saem.*)

CENA II

Uma sala no castelo.

(Entram Rei, Rainha, Rosencrantz, Guildenstern e séquito.)

REI

— Bem-vindos sejais, meus caros Rosencrantz e Guildenstern! Além do desejo que há muito experimentávamos de vos tornar a ver, a necessidade que temos de ocupar-vos deu causa a que vos mandássemos chamar com tanta pressa. Alguma coisa haveis de ter sabido sobre a transformação de Hamlet; e digo transformação porque o homem não se parece com o que era nem por dentro nem por fora. A não ser a morte do pai, não posso imaginar o motivo que tanto o alheou de seu juízo. Visto como fostes, desde os mais verdes anos, criados juntamente com ele e, por isso, conheceis tão de perto a sua mocidade e o seu gênio, peço-vos a fineza de permanecer algum tempo na nossa corte a fim de que o desafieis a entreter-se com a vossa companhia e, sempre que houver ocasião, observeis se o aflige algum desgosto, por nós ignorado, e que sendo descoberto possamos remediar.

RAINHA

— Ele tem falado muito a vosso respeito, senhores; e estou certa de que não há dois homens a quem seja mais afeiçoado. Se vos aprouver condescender aos nossos rogos de tão boa vontade, que passeis algum tempo conosco em utilidade e proveito da nossa esperança, a vossa visita será galardoada, como cumpre ao reconhecimento de um rei.

ROSENCRANTZ

— Vossas Majestades, pelo soberano poder que têm sobre nós, podem formular a sua veneranda vontade antes como ordem do que como pedido.

GUILDENSTERN

— Ambos obedecemos e aqui nos entregamos de todo em todo, e livremente colocamos o nosso préstimo aos pés de Vossas Majestades, esperando as suas ordens.

REI

— Obrigado, Rosencrantz; obrigado, amável Guildenstern.

RAINHA

— Obrigada, Guildenstern; obrigada, amável Rosencrantz. Ide já ver meu filho, tão mudado do que era! peço-vos. — Algum de vós acompanhe estes senhores onde está Hamlet.

GUILDENSTERN

— O céu permita que a nossa presença e os nossos cuidados lhe sejam agradáveis e úteis.

(*Saem Rosencrantz e Guildenstern.*)

RAINHA

— Amém!

(*Entra Polônio.*)

POLÔNIO

— Meu bom senhor, os embaixadores voltaram da Noruega satisfeitíssimos.

REI

— Tu sempre foste o pai das boas notícias.

POLÔNIO

— Deveras, senhor? Asseguro-vos, meu bom suserano, que voto os meus serviços, voto a minha alma, por igual ao meu Deus e ao meu gracioso rei. Ou esta minha cabeça já não segue a marcha de um negócio tão seguramente como costumava, ou então julgo ter descoberto a verdadeira causa da loucura de Hamlet.

REI

— Oh! dize! anseio por saber isso.

POLÔNIO

— Dai primeiro audiência aos embaixadores. As minhas notícias serão a sobremesa desta grande festa.

REI

— Faze-lhes tu mesmo as honras e introduze-os.

(*Polônio sai.*)

Querida Gertrudes, Polônio diz-me que encontrou a origem e a fonte de toda a doença de vosso filho.

RAINHA

— Duvido que seja outra senão esta grande causa: a morte do pai e o nosso precipitado casamento.

(*Entram Polônio, Voltimando e Cornélio.*)

REI

— Bem, havemos de examinar isso. Bem-vindos sejais, meus bons amigos. Dizei, Voltimando, que resposta nos trazeis do nosso irmão da Noruega?

VOLTIMANDO

— Uma gentilíssima retribuição de cumprimentos e bons desejos. Apenas terminou a nossa primeira conferência, mandou suspender as levas do sobrinho, as quais se lhe tinham figurado como aprestos contra o rei da Polônia; porém, melhor observadas, achou que eram realmente contra Vossa Alteza. Ofendido pela maneira como se abusara da sua doença, da sua idade e fraqueza, fez intimar às suas ordens a Fortimbrás. Este obedeceu logo, recebeu a censura do norueguês e, por último, jurou em presença do tio nunca mais pegar em armas contra Vossa Majestade. O velho norueguês, transbordando de júbilo, concedeu-lhe, por este motivo, a pensão anual de três mil coroas e a permissão de empregar contra o rei da Polônia os soldados que tinha recrutado. Agora faz um pedido mais desenvolvidamente formulado neste papel (*Entrega um papel.*), para que sejais servido dar passagem franca à expedição pelos vossos domínios, sob as condições de segurança aqui estipuladas.

REI

— Agrada-nos isso bastante e, com mais vagar, havemos de ler e responder, e meditar no negócio. Entretanto, agradeço o trabalho de que tão bem soubestes encarregar-vos. Ide descansar; à noite celebraremos juntos o acontecimento. Sede bem-vindos à pátria.

POLÔNIO

— Este negócio terminou bem. Senhor, e vós também, senhora, disputar sobre o que deve ser a majestade, o que é a obediência, por que motivo o dia é dia, a noite é noite e o tempo é tempo, outra coisa não fora senão perder o dia, a noite e o tempo. Por consequência — como a brevidade é a alma do espírito, cujos membros e adornos exteriores causam tédio —, serei breve. Vosso nobre filho está louco. Chamo-lhe louco porque pretender definir a verdadeira loucura o que é, senão estar completamente louco? Mas deixemos isso.

RAINHA

— Mais fatos e menos arte.

POLÔNIO

— Juro, senhora, que não estou empregando nenhuma espécie de arte. Que ele está louco, é verdade. É verdade que é uma lástima; e é lástima que seja verdade. A figura é tola. Mas digamos-lhe adeus, não quero empregar nenhuma arte. Concordemos, pois, em que está louco; resta-nos agora descobrir a causa desse efeito, ou — por que melhor digamos — a causa desse defeito, visto que esse efeito é um defeito que procede duma causa. Eis o que resta para demonstrar, e esse resto é o seguinte. Reparai. Eu tenho uma filha... tenho, enquanto é minha... a qual por dever e obediência — notai — entregou-me isto. Meditai e tirai a conclusão. (*Lê.*)

> À celestial e muito encantadora Ofélia, ídolo de minha alma.

A frase não presta, é vulgar. *Celestial e muito encantadora* é uma expressão vulgar; porém ides ouvir.

> Ao seu seio branco e excelente dedico estas regras, etc.

RAINHA

— Isso foi escrito por Hamlet a Ofélia?

POLÔNIO

— Minha boa senhora, esperai um pouco; serei fiel: (*Lê.*)

> Duvida de que a estrela em fogo as nuvens fira,
> De que se mova o sol na cerúlea amplidão,

Duvida da verdade, e toma-a por mentira,
Porém do meu amor nunca duvides, não.

Querida Ofélia, não me sinto bem nestes versos; não tenho a arte de calcular os meus suspiros; mas acredita que te amo muito, oh! mais que muito. Adeus.

Teu para sempre, dama adoradíssima, enquanto lhe pertencer esta máquina.

HAMLET

Eis o que minha filha me mostrou por obediência. E, além disso, tinha-me já posto ao cabo das solicitações de Hamlet, do tempo, dos meios e do lugar em que lhe eram dirigidas.

REI
— E ela, de que forma acolheu o seu amor?

POLÔNIO
— Que juízo fazeis de mim?

REI
— Que sois homem leal e honrado.

POLÔNIO
— Desejava ardentemente provar que o sou. Mas que pensaríeis vós, se eu vendo aquele amor ardente adejar as suas asas — pois cumpre-me dizer-vos que o percebi antes de minha filha mo haver contado —, que pensaríeis vós, e vós também, graciosa rainha aqui presente, se eu tivesse servido de estante ou livro de notas, ou permitisse que o meu coração trabalhasse em silêncio, ou fizesse vista grossa àqueles amores? Sim, que pensaríeis vós? Porém não; fui direito ao ponto e falei à minha filha desta sorte: "Hamlet é um príncipe fora da tua esfera; isto não deve ser". E aconselhei-lhe depois que se furtasse aos seus encontros, que lhe não admitisse mensageiros nem aceitasse presentes. Feito isto, minha filha tirou proveito da advertência, e ele — para encurtarmos razões — vendo-se repelido, caiu em tristeza, da tristeza passou à falta de apetite, daí à vigília, daí à fraqueza, daí ao delírio e, por este declive, chegou à loucura em que hoje se debate e que todos deploramos.

REI
— Pensais que é isso?

RAINHA
— Pode ser, é muito provável.

POLÔNIO
— Já sucedeu alguma vez — desejo muito sabê-lo — que tendo eu afirmado positivamente: *a coisa é assim*, se provasse que era de outro modo?

REI
— Que eu saiba, não.

POLÔNIO
— Separai isto disto, se não for como digo. Contanto que as circunstâncias me encaminhem, hei de descobrir onde se oculta a verdade, ainda que esteja escondida no centro da terra.

REI
— Como poderemos sondar mais este negócio?

POLÔNIO
— Sabeis que Hamlet às vezes passeia quatro horas a fio aqui na galeria.

RAINHA
— É verdade, passeia.

POLÔNIO
— Numa dessas ocasiões, permitirei à minha filha que vá ter com ele; vós e eu estaremos atrás de uma cortina. Observai o encontro; se ele não a ama, se não foi por isso que perdeu o juízo, não seja eu mais assistente do Estado e vá cuidar de uma quinta e dirigir carreiros.

REI
— Havemos de fazer a experiência.

(*Entra Hamlet, lendo.*)

RAINHA

— Vede como o pobre infeliz vem a ler tão triste.

POLÔNIO

— Retirai-vos; peço que vos retireis ambos. Vou já falar-lhe. Dai-me plena liberdade.

(*Saem o Rei e a Rainha.*)

Como ides, meu bom senhor?

HAMLET

— Bem, graças a Deus.

POLÔNIO

— Conheceis-me, senhor?

HAMLET

— Perfeitamente; és um vendedor de peixe.

POLÔNIO

— Eu não, meu senhor.

HAMLET

— Pois eu quisera que fosses um homem tão honrado.

POLÔNIO

— Honrado, meu senhor?

HAMLET

— Sim; ser honrado, indo este mundo como vai, é ser um homem extremado entre dez mil.

POLÔNIO

— É uma grande verdade, meu senhor.

HAMLET

— "Pois se o sol gera vermes num cão morto, e sendo um deus beija o cadáver corrompido..." Tens uma filha?

POLÔNIO

— Tenho sim, meu senhor.

HAMLET

— Não a deixes passear ao sol. A concepção é uma bênção; porém não como a tua filha pode conceber; amigo, tem cautela.

POLÔNIO

— Que quereis dizer? (*À parte.*) Sempre a falar de minha filha! Todavia não me conheceu a princípio; disse que eu era um vendedor de peixe. Está muito transtornado! É verdade que na minha juventude conheci os extremos do amor; estive quase assim. Vou falar-lhe outra vez. (*Alto.*) O que estais lendo, senhor?

HAMLET

— Palavras, palavras, palavras!

POLÔNIO

— De que se trata, meu senhor?

HAMLET

— Entre quem?

POLÔNIO

— Quero dizer: de que trata o que estais lendo?

HAMLET

— De calúnias; o maroto deste poeta satírico diz que os velhos têm barba grisalha, face rugosa, que purgam pelos olhos âmbar espesso como goma de ameixeira, padecem de enorme falta de espírito e de muita fraqueza nas curvas das pernas. Ainda que eu acredite firme e poderosamente em tudo isso, não julgo decoroso escrevê-lo por esta forma; pois tu mesmo serias tão velho como eu, se pudesses andar para trás como o caranguejo.

POLÔNIO (*À parte.*)

— Não obstante ser tudo loucura, há método nas suas palavras. (*Alto.*) Não quereis passear fora do ar, senhor?

HAMLET

— Dentro do meu túmulo?

POLÔNIO

— Efetivamente, lá não existe ar. (*À parte.*) Como são às vezes cheias de propriedade as suas respostas! É uma felicidade com que a loucura topa amiúde, e com que a razão e o juízo não acertariam tão facilmente. Vou deixá-lo e dispor já as coisas para o encontro dele com minha filha. (*Alto.*) Meu nobre senhor, tomo a liberdade de despedir-me de Vossa Alteza com a máxima humildade.

HAMLET

— De mim nada podes tomar de que eu prescinda com mais gosto... exceto a minha vida, exceto a minha vida, exceto a minha vida.

POLÔNIO

— Adeus, meu senhor.

HAMLET

— Estes velhos enfadonhos e tolos!

(*Entram Rosencrantz e Guildenstern.*)

POLÔNIO

— Ides procurar Hamlet? Ei-lo ali.

ROSENCRANTZ (*A Polônio:*)

— Deus vos salve!

(*Polônio sai.*)

GUILDENSTERN

— Meu nobre senhor!

ROSENCRANTZ

— Prezadíssimo senhor!

HAMLET

— Meus bons, meus excelentes amigos! Como vais, Guildenstern? Oh! Rosencrantz! Belos rapazes, como ides ambos?

ROSENCRANTZ

— Como quaisquer filhos da terra.

GUILDENSTERN
— Felizes por não sermos excessivamente felizes. Não somos o laço no toucado da fortuna.

HAMLET
— Nem as solas dos seus sapatos?

ROSENCRANTZ
— Também não, meu senhor.

HAMLET
— Então viveis perto da cintura ou no centro dos seus favores?

GUILDENSTERN
— Para que negá-lo? Privamos com ela.

HAMLET
— Com as partes secretas da fortuna? Ah! sim, é verdade; ela é uma rameira. O que há de novo?

ROSENCRANTZ
— Nada, senhor; a não ser que o mundo fez-se honrado.

HAMLET
— Então está próximo o dia de juízo; mas essa novidade não é verdadeira. Deixai-me interrogar mais particularmente: o que merecestes vós, meus bons amigos, para que a mão da fortuna[2] vos enviasse a esta prisão?

GUILDENSTERN
— Prisão, senhor!

HAMLET
— A Dinamarca é uma prisão.

ROSENCRANTZ
— Visto isso, o mundo também o é.

HAMLET

— Uma grande prisão em que há muitas células, calabouços e enxovias, sendo a Dinamarca uma das piores.

ROSENCRANTZ

— Não pensamos assim, meu senhor.

HAMLET

— Pois nesse caso não é prisão para vós. As coisas são boas ou más conforme as julgamos; para mim é uma prisão.

ROSENCRANTZ

— É porque a vossa ambição vô-la representa como tal; a Dinamarca é pequena demais para o vosso espírito.

HAMLET

— Ó Deus! Eu podia estar encerrado numa casca de noz e considerar-me rei do espaço infinito, se não fosse perseguido por sonhos maus.

GUILDENSTERN

Esses sonhos com toda a certeza não são mais do que ambição, pois a verdadeira substância da ambição é apenas a sombra dum sonho.

HAMLET

O próprio sonho não é mais do que uma sombra.

ROSENCRANTZ

— É verdade; e eu tenho a ambição na conta de uma qualidade tão áerea, tão volúvel, que para mim é simplesmente a sombra duma sombra.

HAMLET

— Logo os nossos mendigos são corpos, e os nossos monarcas, os nossos afamados heróis, são as sombras dos mendigos. Vamos à corte? Por minha fé, não posso raciocinar.

AMBOS

— Iremos na vossa comitiva.

HAMLET
— De modo nenhum; não quero confundir-vos com o resto do meu séquito; pois falando-vos como homem de bem, sou terrivelmente acompanhado. Mas — com a franqueza própria da amizade — que viestes fazer a Elsenor?

ROSENCRANTZ
— Visitar-vos, meu senhor; nada mais.

HAMLET
— Pobre de mim! Sou pobre até nos agradecimentos; mas agradeço-vos e, com certeza, queridos amigos, os meus agradecimentos são ainda muito caros sendo pagos a meio *penny*. Não vos mandaram? Viestes por determinação própria? É uma visita espontânea? Vamos, vamos; procedei lealmente comigo; vamos, falai.

GUILDENSTERN
— Que havemos de dizer-vos, senhor?

HAMLET
— Alguma coisa, mas que venha a propósito. Fostes mandados; há uma espécie de confissão nos vossos olhares que o pudor não tem artifício bastante para disfarçar. Sei que fostes mandados pelo bondoso rei e pela rainha.

ROSENCRANTZ
— Para que fim, senhor?

HAMLET
— É isso o que deveis dizer-me. Peço-vos apertadamente pelos direitos da nossa camaradagem, pela consonância da nossa juventude, pela obrigação da nossa amizade mantida em todo o tempo, pelo que há de mais caro, e em cujo nome pudésseis ser instados por um orador melhor do que eu, sede leais e francos para comigo, dizei-me: fostes mandados ou não?

ROSENCRANTZ (*A Guildenstern:*)
— O que respondes?

HAMLET (*À parte.*)

— Estou a ler-lhes a resposta nos olhos. (*Alto.*) Se sois meus amigos, não me oculteis nada.

GUILDENSTERN

— Senhor, fomos mandados.

HAMLET

— Vou dizer-vos por quê; deste modo anteciparei a vossa confidência, e o segredo jurado ao rei e à rainha não mudará sequer uma pena. Há tempos (ignoro a causa), perdi toda a alegria, abandonei todos os meus hábitos de exercício; e, de fato, sinto um peso tão grande sobre o espírito, que esta bela máquina — a terra — afigura-se-me estéril promontório; este soberbo dossel — o ar —, este bravo firmamento que pende sobre nossas cabeças, este teto majestoso cravado de luzes de ouro, tudo isso não me parece mais do que uma aglomeração imunda e pestilente de vapores. O homem é obra acabada e perfeitíssima! Como é nobre pela razão! infinito pelas faculdades! expressivo e admirável na forma e nos movimentos! quão semelhante a um anjo pelas ações! a um deus pelo entendimento! É a beleza do mundo, o tipo ideal dos animais! E, todavia, o que é para mim essa quintessência do pó? O homem não me encanta... nem a mulher tampouco, ainda que o vosso sorriso pareça dizer que sim.

ROSENCRANTZ

— Não tinha semelhante coisa na ideia.

HAMLET

— Então por que riste quando eu disse: "O homem não me encanta?"

ROSENCRANTZ

— Porque pensava que, se o homem vos não encanta, os cômicos receberão de Vossa Alteza uma hospedagem de quaresma. Encontramo-los no caminho, vêm oferecer-vos os seus serviços.

HAMLET

— O que faz o papel de rei será bem-vindo; renderei a Sua Majestade o meu tributo; o aventuroso cavaleiro manejará a espada e o broquel; o amante não há de suspirar grátis; o gracioso chegará em paz ao fim do seu papel; o rústico[3] fará rir até mesmo àqueles cujo pulmão é asmático; e a dama enunciará livremente a sua paixão, ainda que tenha de estropear o verso branco. Quais são os cômicos?

ROSENCRANTZ

Os mesmos que tanto costumavam deleitar-vos os trágicos da cidade.

HAMLET

— Por que motivo se tornaram ambulantes? Uma residência fixa era-lhes mais útil tanto para a reputação como para o interesse.

ROSENCRANTZ

— Creio que não lhes é permitida a residência fixa em virtude da última inovação[4].

HAMLET

— Ainda são tidos na mesma estima em que eram quando eu estava na cidade? São frequentados da mesma forma?

ROSENCRANTZ

— Com verdade, já não são.

HAMLET

— Por quê? Encheram-se de ferrugem?

ROSENCRANTZ

— Nada; os seus esforços seguem a marcha do costume; porém, senhor, há uma ninhada de crianças, aves mal saídas da casca, que fazem uma gralhada enorme e são por isso aplaudidas com furor. Estão agora em moda; e por tal sorte se esganiçam contra os teatros ordinários (assim é que eles chamam) que muitos homens, brandindo espadas, temem-se das penas de pato e mal se atrevem a pôr lá os pés.

HAMLET

— O quê? São crianças? Quem lhes paga? Quanto ganham? Não seguirão a carreira senão enquanto falarem fino? E, mais tarde, se se fizerem atores comuns — o que é muito provável, não podendo fazer coisa melhor —, não dirão eles que os seus escritores lhes causaram dano, obrigando-os a vociferar contra o seu próprio futuro?

ROSENCRANTZ
— A minha fé, que de uma e outra parte houve muito que lamentar, e o país julga que não é pecado metê-los à bulha. Houve tempo em que uma peça não dava dinheiro, se o poeta e o ator se não esmurrassem no diálogo.

HAMLET
— É possível?

GUILDENSTERN
— Ora! Ficou já um bom par de cabeças partidas.

HAMLET
— E quem leva a melhor? as crianças?

ROSENCRANTZ
— Sim, meu senhor, levam tudo; até Hércules e a sua carga[5].

HAMLET
— Não é muito extraordinário; pois meu tio é rei da Dinamarca, e aqueles que lhe faziam caras no tempo de meu pai, dão agora vinte, quarenta, cinquenta, cem ducados por um retrato seu em miniatura. Há nisto alguma coisa fora do natural; se a filosofia pudesse descobrir o que é!

(*Ouvem-se as trombetas.*)

GUILDENSTERN
— São os cômicos.

HAMLET
— Senhores, bem-vindos sejais a Elsenor. Apertemo-nos as mãos. Aproximai-vos; as demonstrações de um bom acolhimento são a urbanidade e a cortesia. Permiti que vos trate deste modo, pois temo que a maneira como vou receber os atores — a qual (previno-vos) deve ser exteriormente graciosa e cortês — pareça mais polida do que a forma por que vos recebo. Bem-vindos sejais; porém meu tio-pai e minha mãe-tia estão enganados.

GUILDENSTERN
— Em que, meu senhor?

HAMLET
— Eu só estou doido quando o vento é nor-noroeste; quando está sul, distingo um falcão duma garça[6].

(*Entra Polônio.*)

POLÔNIO
— Eu vos saúdo, senhores!

HAMLET
— Ouvi, Guildenstern; e vós também, Rosencrantz; para cada ouvido um ouvinte. Esta criancinha[7], que estais vendo, ainda não largou os cueiros.

ROSENCRANTZ
— Pode ser que voltasse a eles; diz-se que um velho é criança pela segunda vez.

HAMLET
— Profetizo que vem falar-me dos cômicos; notai... Dizeis bem, senhor; segunda-feira de manhã, é verdade, foi segunda-feira.

POLÔNIO
— Tenho uma notícia para dar-vos, senhor.

HAMLET
— Tenho uma notícia para dar-vos, senhor. Quando Róscio era ator em Roma...

POLÔNIO
— Estão aí os cômicos, senhor.

HAMLET
— Hum! hum! hum!

POLÔNIO
— Por minha honra!

HAMLET
— *Montado cada ator em seu jumento* [8].

POLÔNIO
— Os melhores atores do mundo para a tragédia, comédia, drama histórico, pastoral, cômico-pastoral, histórico-pastoral, tragi--histórico, tragicômico-histórico-pastoral, peças com unidade ou poemas sem regras. Para eles, nem Sêneca é por extremo sério nem Plauto jocoso em demasia. Tanto para o gênero escrito como para o improvisado, não há outros assim.

HAMLET
— Ó Jefté! juiz de Israel!

Que tesouro possuías!

POLÔNIO
— Que tesouro possuía ele, senhor?

HAMLET
— Que tesouro?

Tinha uma filha só; mas era o seu arrimo,
O seu enlevo e amor, de seus olhos o mimo.

POLÔNIO (*À parte.*)
— Ainda a pensar em minha filha!

HAMLET
— Não tenho razão, velho Jefté?

POLÔNIO
— Se me chamais Jefté, é porque tenho uma filha, a quem amo extremosamente.

HAMLET
— Não, não é isso o que se segue.

POLÔNIO
— O que se segue então, senhor?

HAMLET
— Isto:

> Deus decreta e determina
> A sorte próspera e má;

E depois? sabeis?

> Se a sorte é ordem divina,
> Tolhê-la quem ousará?

A primeira estância da piedosa canção vos ensinará o mais; porque — olhai — aí vem quem me faz interromper.

(*Entram quatro ou cinco Cômicos.*)

Bem-vindos sejais, senhores; todos bem-vindos. Folgo em te ver bom. Bem-vindos sejais, meus bons amigos. Oh! velho amigo! Ficaste com a cara cheia de franjas depois da última vez que te vi; acaso vens à Dinamarca para me fazer a barba? Oh! minha formosa dama e senhora! Pela Virgem! desde a última vez que vos vi, estais mais perto do céu toda a altura de um chapim. Deus permita que a vossa voz não esteja falhada como moeda de ouro que não corre[9]. Bem-vindos sejais, senhores. Vamos a isto como falcoeiros franceses; atiremo-nos a qualquer coisa que apareça. Venha já um trecho; vamos, dai-nos uma amostra do vosso engenho; vamos, um trecho apaixonado.

PRIMEIRO CÔMICO
— Qual, meu senhor?

HAMLET
— Uma ocasião ouvi-te recitar um trecho que nunca fora representado; ou se o foi, não passou duma vez, porque a peça — lembra-me — não agradou às massas; era caviar para o comum dos espectadores; mas uma excelente peça, segundo me pareceu, e a outros, cuja opinião sobre a matéria é mais autorizada do que a minha: bem-dispostas as cenas, escritas com tanta simplicidade como engenho. Recordo-me de alguém ter dito que não havia bastante adubo nos versos, para tornar o assunto saboroso, nem coisa alguma na frase que pudesse inculpar o autor de afetação; mas que era uma obra honesta, tão sã como agradável, muito mais bela do que enfeitada. Havia uma pas-

sagem de que principalmente gostei: a narração de Eneias a Dido e, em especial, quando fala do assassínio de Príamo. Se vos lembrais do trecho, começai naquele verso... vejamos... vejamos...

Pirro duro e cruel, bem como o tigre hircano

Não é assim; começa por Pirro...

Pirro duro e cruel, em outros tempos quando
Trazia armas de ferro escuras, como o infando
Projeto de seu peito insensível, falaz;
Pirro, o inumano algoz, carniceiro, voraz,
Da teucra geração calamitoso açoite,
Semelhava no gesto à pavorosa noite,
Em que no bojo entrou da máquina fatal.
Mas hoje o seu aspecto inda é mais infernal:
Transmudou-se-lhe a cor em rúbido brasão;
Vermelho o corpo tem, vermelha a fronte, e a mão
Tinta em sangue de pais, que morrem — desgraçados! —
Vendo também morrer os filhos adorados.
O incêndio toma alento, e cresce, e lambe, e abrasa,
Quanto encontra destrói, não poupa uma só casa;
E, como por escárnio, as labaredas suas
Sobre os corpos dardeja esparsos pelas ruas.
De Pirro no semblante a raiva se divisa.
Os olhos a fulgir de carbúnculo à guisa,
Ardendo de furor, de sangue enodoado,
Tendo o gládio homicida aos ares levantado
(Por que despeça o golpe, e a vida logo tire),
Investiga, pergunta, indaga, busca, inquire
Príamo onde estará...

Continuai agora.

POLÔNIO
— Por Deus, senhor! bem recitado; com excelente dicção e medida.

PRIMEIRO CÔMICO
— Em seguida o descobre
A custo combatendo, expondo a vida nobre.

O ferro, obediente ao braço rijo outrora,
Refusa-se ao comando, hesita, cai agora.
Ao decrépito rei em desigual peleja
Lança-se o fero Pirro; e logo que dardeja
E zune pelo ar a espada do tirano,
Abate-se enervado o velho pai troiano.
Ílio, insensível já, como se a morte indina
Por acaso sentisse, em chamas se arruína
Do tope ao alicerce. Horrível estrugido
De Pirro a mão sustém, faz prisioneiro o ouvido.
Na mesma ocasião — atende ao que te conto —
Em que o ferro do algoz insano estava a ponto
De mutilar a fronte encanecida e pura
Do longevo monarca, a todos se figura
Vê-lo no ar suspenso. E Pirro então parece
Um verdugo pintado a quem ação falece.
Nota-se muita vez no meio das borrascas,
Quando o globo se agita em ansiosas vascas,
Cair súbito em calma o furioso céu,
Aquietar-se o vento, as vagas do escarcéu
Perderem a braveza, e no orbe ficar tudo
Tranquilo como a morte, e, como a morte, mudo.
Passado um breve instante, o céu fuzila e troa,
Enfurece-se o mar, sossobra a linha proa;
Assim pouco depois ruge o furor sanguíneo,
E Pirro põe por obra o torvo morticínio.
No Etna, quando tudo era exercício de arte
Para as armas forjar do temeroso Marte,
Dos Ciclopes jamais desceram amiúde
Os martelos de peso enorme sobre a incude,
Tão ímpios no vibrar o golpe momentâneo,
Como a espada caiu de Príamo no crânio.
Para longe daqui, ó deusa cortesã!
Para longe, Fortuna! Arreda, barregã!
Vós, numes imortais, em sínodo total
Arrancai-lhe o poder, de que só vem o mal,
Os raios destruí da roda, em que ela gira,
E cheios de rancor, e transbordando em ira
Expulsai-a de vez, ó numes, do superno
Olimpo, e arremessai-a ao mais profundo Averno!

POLÔNIO
— É comprido demais.

HAMLET
— Há de ir ao barbeiro com a tua barba. Peço-te que continues. O que ele quer é uma giga ou uma história obcena; senão dorme. Continua, vamos a Hécuba.

PRIMEIRO CÔMICO
— Se alguém, oh! se alguém visse a rainha embuçada.

HAMLET
— A rainha embuçada?

POLÔNIO
— É bom; *a rainha embuçada* é bom.

PRIMEIRO CÔMICO
— Descalça, como louca, em lágrimas banhada;
Um lenço tendo posto em aflição extrema
Na fronte, onde estivera, há pouco, o diadema;
Com uma colcha soez procurando encobrir
Os descarnados rins cansados de parir,
Se alguém visse diria: "Ó Fortuna impudica,
Tão nefanda traição quem, como tu, pratica?"
Se os deuses porventura os olhos abaixassem
Para a mísera esposa, e a mágoa contemplassem;
Se pudessem ouvir o grito dolorido
Que ao peito lhe arrancou a sorte do marido,
Do velho extenuado, a quem Pirro sem dó
Golpeia por prazer, mutila, faz em pó;
Os deuses no alto Olimpo, esplêndidos de glória,
(Se acaso lhes importa a vida transitória)
Haviam de chorar sentido, amargo pranto,
Ouvindo assim gemer, vendo infortúnio tanto.

POLÔNIO
— Olhem como ele mudou de cor; e está com os olhos cheios de lágrimas. Basta, peço eu.

HAMLET

— Está bem; logo te farei recitar o resto. Meu bom senhor, quereis olhar pela boa hospedagem dos atores? É preciso que sejam bem tratados, ouvis? porque são o epítome, a crônica resumida dos tempos. Melhor vos fora ter um mau epitáfio depois da morte, do que má reputação entre eles estando vivo.

POLÔNIO

— Senhor, hei de tratá-los em conformidade com o seu merecimento.

HAMLET

— Qual história! muito melhor. Se todos os homens fossem tratados segundo o seu merecimento, quem se livraria duma surra? Tratai-os como cumpre à vossa dignidade e nobreza. Quanto menos merecerem, tanto mais meritória será a vossa bondade. Ide com eles.

POLÔNIO

— Vinde, senhores.

(*Sai.*)

HAMLET

— Segui-o, amigos; amanhã ouviremos uma peça. Escuta, meu velho amigo; podes representar o *Assassínio de Gonzaga*?

PRIMEIRO CÔMICO

— Sim, meu senhor.

HAMLET

— Bem; amanhã à noite se representará. Ser-te-á possível, em caso de necessidade, aprender uma fala de doze ou dezesseis versos que desejo escrever e intercalar na peça? Poderás?

PRIMEIRO CÔMICO

— Sim, meu senhor.

HAMLET

— Muito bem. Segue aquele senhor e toma conta, não zombes dele.

(*A Rosencrantz e Guildenstern*:)

Meus bons amigos, vou deixá-los até a noite. Bem-vindos sejais a Elsenor.

ROSENCRANTZ
— Meu bom senhor!

(*Saem Rosencrantz e Guildenstern.*)

HAMLET
— Bem, Deus seja convosco! Agora estou só! Oh! como sou infame, tosco e rude! Pois não é monstruoso que este cômico, por simples fingimento, num sonho de paixão, consiga sujeitar a alma à sua ideia, de maneira que se lhe inflamem as faces, arrasem-se-lhe os olhos de lágrimas, pinte-se-lhe no rosto o desvario, entrecorte-se-lhe a voz, e todas as suas funções se amoldem às formas do capricho imaginoso? E tudo por nada! por Hécuba! Que tem ele com Hécuba, ou Hécuba com ele, para chorar assim por causa de Hécuba? O que faria então se tivesse o motivo, o santo e senha, que eu tenho para a dor? Inundaria o teatro com um dilúvio de pranto, quebraria ao público os ouvidos com horrorosos gritos, enlouqueceria o criminoso, espantaria o inocente, confundiria o ignorante, desconcertaria sem dúvida as faculdades de ver e de ouvir. Ao passo que eu, um miserável estúpido, um coração de lodo, um José sonhador, não sinto esporas para a vingança[10]; nada posso dizer, nada, a favor de um rei, contra cuja fazenda e vida preciosíssima se praticou uma infernal espoliação. Sou eu acaso um covarde? Quem me chama vil? Quem me parte a cabeça? Quem me arranca as barbas e arremessa-mas à cara? Quem me aperta o nariz? Quem me mete um desmentido pela goela e mo enterra até os pulmões? Quem é capaz de me fazer isso? Ora! e eu havia de sofrê-lo, porque com certeza tenho fígados de pomba, falta-me fel que torne amarga a opressão: se assim não fosse, já tinha engordado todos os milhafres do país com os restos daquele biltre. Sangrento, impudico celerado! Desumano, traidor, lascivo, hipócrita vilão! Ah! como sou asno! É este o cúmulo da bravura: que eu, filho de um querido pai assassinado, eu, a quem o inferno e o céu instigam à vingança, deva — qual prostituta — descarregar o coração com palavras, maldizer e rogar pragas como verdadeira marafona ou moça de cozinha! Que vergonha! Anda, cérebro, trabalha! Hum! Tenho ouvido que pessoas criminosas, assistindo à representação de uma peça, foram de tal modo feridas na alma pelo artifício da cena, que logo, logo,

proclamaram os seus delitos[11]; porque o assassínio, apesar de não ter língua, deve falar por meio de um órgão milagroso. Farei com que estes cômicos representem alguma coisa semelhante à morte de meu pai, diante de meu tio; observarei os seus olhares, tentearei a chaga até o vivo; se ele se perturbar, já sei o que hei de fazer. O espírito que vi pode ser um demônio, porque o demônio possui a faculdade de se revestir de uma forma agradável. Sim... e talvez pela minha fraqueza e melancolia abuse de mim para perder-me (pois tem alta influência nos ânimos como eu). Careço de provas mais convincentes do que esta. A peça é o meio de saltear a consciência do rei.

(*Sai.*)

❖

Notas do Ato II

[1] *As you may season it in the charge.*

Guizot e Francisco Hugo traduziram *tempérer la chose*, e Montégut usa do verbo *atténuer*.

Em português há o verbo *sazonar* com a significação de temperar, dar bom sabor ao comer; e no figurado diz-se: *sazonar o discurso com boas razões*. Preferimos, contudo, o verbo *dourar* por ser hoje mais empregado. Bocage escreveu: "A curvada lisonja os crimes doura". É perfeitamente o nosso caso.

* Palavra latina que significa *isto é*, *ou seja*. (N. do E.)

[2] Nenhum dos escritores a que nos temos referido traduz o que está no original: *hands of fortune*. Talvez não haja em suas línguas a expressão literal correspondente. Em português há. Os bons autores dizem: "Tocou-o a mão de Deus", isto é, enviou-lhe Deus trabalho e provações. O dicionário de Moraes cita uma frase de Arraes — "agravou-se a mão de Deus sobre ele" — na significação de enviou-lhe males, castigos pesados.

[3] Na tragédia inglesa lê-se: *clown*. Ora, *clown* no dicionário de Webster significa *a rustic*, *a rude*, *unpolished person*. A isto corresponde em português um rústico, isto é, um homem inculto, sem arte, um homem rude, grosseiro. Não nos parece que *clown* se deva traduzir *bobo*. Quando Shakespeare quer dizer *bobo*, não escreve *clown*, escreve *jester* ou *fool*. Em *Rei Lear*, por exemplo, há um bobo, e o autor, na lista dos personagens, põe *Fool*. Em *Hamlet*, ao principiar o quinto ato, para dizer que entram os dois coveiros diz: *Enter two clowns*, que evidentemente significa dois *rústicos* e não dois *bobos*; e quando o primeiro rústico fala na caveira de Yorick, bobo do rei, não diz *king's clown*, diz *king's jester*.

[4] Diz o notável comentador Steevens que não era permitido aos atores uma residência fixa por causa do novo costume de introduzir nas comédias alusões pessoais.

[5] O teatro de Shakespeare, que se chamava *Teatro do Globo*, tinha por emblema Hércules transportando o mundo.

[6] Era um antigo provérbio.

[7] *This great baby*, diz o original. Os franceses traduzem *grand bambin*, *grand marmot*, *grand enfant*. Nós traduzimos *criancinha* pela propriedade que tem a nossa língua de dar mais força à palavra empregando-a no diminutivo: "Aquilo sempre é uma *mulherzinha*!", "Saiu-me um *sujeitinho*!" Castilho dizia: *canalhinha*, aumentativo de canalha. Além disso, temos a expressão: *é uma criancinha* para significar um finório, um sujeito que ninguém embaça.

[8] Parece ser o primeiro verso de uma balada.

[9] Dirige-se a um ator que fazia papéis de mulher.

[10] *Like John-a-dreams, umpregnant of my cause*. Francisco Hugo diz: *Jeannot rêveur, impuissant pour ma propre cause*.

Guizot: *Jeannot rêveur, mal imprégné de la fecondité de ma cause*.

Pretende Guizot que este *John-a-dreams* seja alusão ao personagem dalguma história popular: e dizendo que em França dava-se antigamente o nome de *Guillot le Songeur* aos que passavam a vida excogitando meios de ação, diz também que esse nome deriva de um personagem do Amadis chamado *Guillan le Pensif*.

Ora, nós temos *José sonhador*, o que sonha a miúdo; e no figurado, o devaneador, o cismador, por alusão a José do Egito.

Unpregnant of my cause, segundo um bom comentador, significa *not quickened with a new desire of vengeance*. Por isso traduzimos: inerte como um José sonhador, não sinto esporas para a vigança.

[11] Shakespeare, na opinião de Guizot, alude a uma aventura do seu tempo. Conta-se que os cômicos do conde de Sussex representavam na província de Norfolk uma peça cujo enredo era o seguinte: "Certa mulher, que se apaixonara por um rapaz filho de uma família ilustre, assassinou o marido às escondidas para mais livremente dar largas à paixão; mas a sombra do morto perseguia-a constantemente, aparecendo-lhe nos lugares mais afastados e mais sós".

Assistia ao espetáculo uma rapariga da terra, que sempre gozara de ótima reputação, e vendo o fantasma principiou a gritar: "Meu marido! meu marido! estou a ver a sombra de meu marido!" Os espectadores rodearam-na e perguntaram-lhe o motivo da sua perturbação. A rapariga respondeu que, havia sete anos, para consagrar-se toda a um amante tinha envenenado o marido, cuja imagem terrível se lhe representara sob a forma daquele espectro. Levada a juízo, confessou tudo e foi condenada. Os atores e muitos habitantes da cidade presenciaram este fato.

Ato III

CENA PRIMEIRA

Uma sala no castelo.

(Entram Rei, Rainha, Polônio, Ofélia, Rosencrantz e Guildenstern.)

REI

— E, encaminhando convenientemente a conversação, não podeis arrancar-lhe o motivo da perturbação de ânimo que aflige tão cruelmente o repouso dos seus dias com uma doidice turbulenta e perigosa?

ROSENCRANTZ

— Ele confessa que se sente perturbado de juízo, mas por nenhuma forma diz a causa.

GUILDENSTERN

— Nem o achamos propenso a deixar-se observar; pelo contrário, com uma loucura manhosa, fugia sempre que procurávamos induzi-lo a alguma confissão do seu verdadeiro estado.

RAINHA

— Recebeu-os bem?

ROSENCRANTZ

— Como perfeito cavalheiro.

GUILDENSTERN

— Mas contrafazendo-se bastante.

ROSENCRANTZ
— Sóbrio de perguntas, porém muito franco em responder ao que lhe perguntávamos.

RAINHA
— Não o desafiastes para algum passatempo?

ROSENCRANTZ
— Sucedeu que encontramos no caminho uns certos cômicos; falamos-lhe nisso e pareceu-nos que ele, quando o ouviu, experimentou uma alegria tal ou qual. Os cômicos estão aí, nalguma parte do palácio; e, segundo creio, já têm ordem de representar esta noite diante de Hamlet.

POLÔNIO
— É verdade; e ele pediu-me que convidasse a Vossas Majestades para verem e ouvirem a peça.

REI
— De todo o meu coração; alegra-me muito saber que Hamlet está disposto para esse divertimento. Senhores, aguçai-lhe a vontade um pouco mais, dirigi-lhe o pensamento para distrações deste gênero.

ROSENCRANTZ
— Havemos de fazê-lo, meu senhor.

(*Saem Rosencrantz e Guildenstern.*)

REI
— Amada Gertrudes, deixa-nos também; mandamos com todo o segredo chamar Hamlet para encontrar-se aqui, rosto a rosto, com Ofélia, como se fosse por acaso. Eu e Polônio, espiões legítimos, colocar-nos-emos de forma que, vendo sem sermos vistos, possamos ajuizar com segurança do encontro e, segundo a maneira como Hamlet proceder, concluir se o que o faz padecer tanto é ou não a angústia do amor.

RAINHA
— Obedeço-vos; e, pela minha parte, Ofélia, desejo muito que sejam os teus encantos a causa feliz da loucura de Hamlet. Sendo

assim, posso nutrir a esperança de que as tuas virtudes o tragam de novo ao estado ordinário para honra de um e outro.

OFÉLIA
— Senhora, é isso o que desejo.

(*Sai a Rainha.*)

POLÔNIO
— Ofélia, passeia por aqui. Gracioso senhor, se vos parece, escondamo-nos. (*A Ofélia:*) Lê neste livro, para que a aparência de um tal exercício disfarce a tua solidão. É uma culpa que muitas vezes cometemos... está mais do que provado que, com cara de devoção e ares piedosos, adoçamos o próprio demônio[1].

REI (*À parte.*)
— Oh! É uma grande verdade! Com que valente azorrague açoitam estas frases a minha consciência! O rosto da prostituta alindado pelo arrebique não é mais disforme sob a crosta que o cobre do que o meu crime sob a minha palavra pintada e repintada. Oh! pesado fardo!

POLÔNIO
— Ouço-lhe os passos; retiremo-nos, senhor.

(*Saem o Rei e Polônio. Entra Hamlet.*)

HAMLET
— Ser ou não ser, eis a questão. O que é mais nobre para a alma? Sofrer as pedradas e as setas da fortuna ultrajosa? ou tomar armas contra um mar de tribulações, e, fazendo-lhes rosto, dar-lhes fim? Morrer... dormir... mais nada. Dizer que, por meio de um sono, acabamos com as angústias e com os mil embates naturais de que é herdeira a carne, é um desfecho que se deve ardentemente desejar. Morrer... dormir... dormir! sonhar talvez! Ah! Aqui é que está o embaraço. Pois que sonhos podem sobrevir naquele sono da morte depois de nos termos libertado deste bulício mortal? Eis o que nos obriga a fazer pausa; eis a reflexão de que procede a calamidade de uma vida tão longa. Com efeito, quem suportaria os açoites e os escárnios desta época[2], a injustiça do opressor, a contumélia do orgulhoso, os tormentos do amor desprezado, as dilações da lei, a

insolência do poder e os maus tratos que o mérito paciente recebe de criaturas indignas, podendo com um simples punhal outorgar a si mesmo a tranquilidade? Quem quereria sopesar o fardo, gemer e suar debaixo de uma vida pesadíssima, se o temor dalguma coisa depois da morte — o desconhecido país de cujas raias nenhum viajante ainda voltou — não enleasse a vontade e não fizesse antes padecer os males que temos, do que voar para outros que ignoramos? Assim, a consciência torna-nos a todos covardes; assim, o fulgor natural da resolução é amortecido pelo pálido clarão do pensamento; e, assim, empresas enérgicas e de grande alcance torcem o caminho, e perdem o nome de ação. Calemo-nos agora! A formosa Ofélia! Ninfa, nas tuas orações lembra-te de todos os meus pecados.

OFÉLIA

— Meu bom senhor, como tem Vossa Alteza passado há tantos dias?

HAMLET

— Agradeço-te humildemente; bem, bem, bem.

OFÉLIA

— Tenho algumas lembranças vossas que desejo, há muito, restituir-vos; recebei-as agora, peço-vos.

HAMLET

— Não, eu não; nunca te dei nada.

OFÉLIA

— Meu nobre senhor, sabeis perfeitamente que sim; e as prendas eram oferecidas com palavras de tão doce alento que aumentavam às coisas o valor. Visto que perderam o perfume, recebei-as de novo; porque para uma alma nobre tornam-se pobres as dádivas mais ricas, quando quem as deu mostra não ter afeto. Ei-las, senhor.

HAMLET

— Ah! ah! és honesta?

OFÉLIA

— Meu senhor?

HAMLET
— És formosa?

OFÉLIA
— Que pretendeis dizer?

HAMLET
— Que, se és honesta e formosa, não deves admitir que a tua honestidade tenha algum trato com a tua formosura.

OFÉLIA
— Senhor, pode acaso a formosura ter melhor trato do que com a honestidade?

HAMLET
— Sim, decerto; porque o poder da formosura converterá a honestidade em alcoviteira muito antes que a força da honestidade possa transfigurar a formosura à sua imagem. Isto foi outrora um paradoxo, hoje, porém, é coisa demonstrada. Houve tempo em que te amei.

OFÉLIA
— Em verdade, senhor, assim mo fizestes acreditar.

HAMLET
— Não me devias ter acreditado; pois a virtude não pode enxertar-se tanto no nosso velho tronco, que nos não fique sempre um resto da antiga origem. Eu não te amava.

OFÉLIA
— Ainda fui mais iludida.

HAMLET
— Vai para um convento. Para que hás de tu ser mãe de pecadores? Eu, por mim, sou medianamente honesto; contudo, poderia acusar-me de tais coisas, que melhor fora que minha mãe me não tivesse dado à luz. Sou muito orgulhoso, vingativo, ambicioso, com mais pecados à roda de mim do que pensamentos para manifestá-los, imaginação para lhes dar forma ou tempo de os pôr em prática. De que serve que uns entes, como eu, se arrastem entre o céu e a terra?

Somos todos uns perversos consumados; não creias em nenhum. Vai para um convento. Onde está teu pai?

OFÉLIA
— Em casa, meu senhor.

HAMLET
— Fechem-lhe bem as portas, para que não faça de tolo senão em sua própria casa. Adeus.

OFÉLIA
— Céu piedoso, socorrei-o!

HAMLET
— Se casares, hei de dotar-te com esta praga. Sê tão casta como o gelo, tão pura como a neve, não escaparás aos golpes da calúnia. Vai para um convento; adeus! Ou, então, se é força que te cases, casa com um tolo; os homens de juízo sabem perfeitamente em que monstros os tornais. Para um convento, vai para um convento; e muito depressa. Adeus!

OFÉLIA
— Poderes celestiais, restituí-lhe a razão!

HAMLET
— Tenho ouvido falar bastante das vossas pinturas e arrebiques. Das mãos de Deus recebestes uma cara e arranjais outra. Dançais, saltitais, cochichais, pondes alcunhas às criaturas de Deus e fazeis passar a vossa frivolidade por ignorância. Vai, basta deste assunto; é o que me deu volta ao juízo. O que eu te digo é que os casamentos acabaram; os que já estão casados viverão todos, exceto um; os outros hão de ficar como estão. Vai para um convento, vai.

OFÉLIA
— Oh! Que levantado espírito caiu em ruína! A perspicácia do cortesão, a língua do sábio, a espada do soldado, a esperança, a flor deste formoso império, o espelho da moda, o traslado da elegância, o observado de todos os observadores... tudo perdido, completamente perdido! E eu — a mais desventurada, a misérrima das mulheres —, eu que libei o mel de seus melodiosos protestos, vejo agora aquela

razão nobre e soberana, áspera e dissonante, como sino falhado! vejo a beleza, a forma incomparável da sua florente juventude murchada pela demência! Ai de mim! Ter visto o que vi e ver o que estou vendo!

(*Entram o Rei e Polônio.*)

REI

— Amor? não é para aí que pendem os seus afetos; e o que ele dizia, ainda que lhe faltasse algum nexo, não parecia loucura. Naquela alma, há o que quer que seja que fomenta a melancolia, e temo que do ovo saia algum perigo. Para evitar isso, numa rápida determinação, resolvi que Hamlet parta para Inglaterra a toda a pressa com o fim de exigir os nossos tributos em dívida. Pode ser que o mar, a diferença dos países, a variedade dos objetos destruam esse *o que quer que seja* arraigado no seu coração, e em que o cérebro se debate constantemente, fazendo-o sair de si. Que vos parece?

POLÔNIO

— Deve dar bom resultado; mas eu ainda estou convencido de que a origem e o começo da sua tristeza provém de um amor não correspondido. Bem, Ofélia; não precisas de contar-nos o que te disse Hamlet; ouvimos tudo. Meu senhor, fazei o que entenderdes; mas, se vos parecer bem, deixai que a rainha, sua mãe, inste com ele a sós depois da representação, para que lhe descubra a sua dor. A rainha que lhe fale com franqueza; e eu, se o permitirdes, colocar-me-ei onde ouça a conversação. Se ela não conseguir que o filho se explique, mandai-o para Inglaterra ou afastai-o para onde julgardes melhor na vossa sabedoria.

REI

— Assim há de ser. A loucura dos grandes deve ser constantemente vigiada.

(*Saem.*)

CENA II

Um salão.

(Entram Hamlet e dois ou três Cômicos.)

HAMLET

— Peço-te que digas a fala expeditamente, como pronunciei; mas se fores declamá-la aos gritos, como fazem muitos dos nossos atores, eu de bom grado preferira que um pregoeiro recitasse os meus versos. Não cortes excessivamente o ar com as mãos, assim; mas sê moderado em tudo, pois na torrente, na tempestade ou — por que melhor digamos — no torvelinho da paixão deves adquirir e guardar um certo comedimento que lhe dê suavidade. É coisa que me ofende o íntimo da alma, ouvir um robusto rapagão de grande cabeleira fazer uma paixão em farrapos, em verdadeiros trapos, quebrar os ouvidos da plateia, que na sua maioria gosta apenas de alarido e inexplicáveis pantomimas. Quem lhe dera com um chicote, o desalmado mata--mouros[3]; isto é ser mais Herodes do que o próprio Herodes. Evita semelhante coisa, peço-te eu.

PRIMEIRO CÔMICO

— Prometo a Vossa Alteza.

HAMLET

— Não queiras também dominar-te em excesso; deixa-te reger pelo teu discernimento; acomoda o gesto à palavra e a palavra ao gesto, com o cuidado especial de não ultrapassar a modéstia da natureza. Tudo o que se fizer além disso está fora do intento do teatro, cujo fim, tanto na sua origem como agora, foi e é — digamos assim — fazer espelho à natureza, mostrar à virtude os seus lineamentos, ao vício a sua própria imagem e a cada século, a cada encarnação do tempo, a sua forma, o seu cunho[4]. Pois bem; se esta pintura ficar além ou aquém dos limites razoáveis, ainda que faça rir os ignorantes, só conseguirá entristecer os espectadores sensatos; e haveis de convir em que a censura de um destes deve ter mais peso do que a de um teatro cheio dos outros. Há cômicos que tenho visto representar — e a quem tenho ouvido tecer louvores e louvores fervorosos, para não dizer estultos —, há cômicos que não tendo voz de cristãos nem figura de cristão, de pagão ou sequer de homem, por tal forma se enfatuavam e berravam, que cheguei a supor que algum rude jornaleiro da natureza, tendo querido fazer homens, não os tinha feito bem — tão abominavelmente imitavam a humanidade.

PRIMEIRO CÔMICO
— Creio que estamos sofrivelmente emendados desse defeito.

HAMLET
— Oh! emendai-vos de todo. É necessário que os que fazem papéis de rústicos digam só o que foi escrito para eles; pois alguns há que riem para despertar o riso a um certo número de espectadores estúpidos, ainda que nessa ocasião se deva estar atento a alguma passagem importante da peça. Isto é baixo e revela uma detestável pretenção no tolo que o pratica. Ide aprontar-vos.
(*Saem os Cômicos. Entram Polônio, Rosencrantz e Guildenstern.*)
Então, senhor? O rei quer assistir a esta obra-prima?

POLÔNIO
— E a rainha também, e já!

HAMLET
— Dizei aos cômicos que se aviem.
(*Sai Polônio.*)
E vós ambos quereis também ir fazer com que se despachem?

AMBOS
— Sim, meu senhor.

(*Saem Rosencrantz e Guildenstern. Entra Horácio.*)

HAMLET
— Olá, Horácio!

HORÁCIO
— Eis-me às vossas ordens, meu bom senhor.

HAMLET
— És o mais justo dos homens com quem tenho tratado.

HORÁCIO
— Oh! meu caro senhor!

HAMLET

— Não, não penses que te lisonjeio. Que vantagens posso esperar de ti, que para te alimentares e vestires não tens outros rendimentos senão as prendas do teu espírito? De que serviria lisonjear o pobre? Não; deixemos que as línguas encandiladas lambam a párvoa magnificência, e que os gonzos do joelho se dobrem rápidos onde o lucro pode seguir-se à adulação. Ouves? Desde que a minha alma terna foi senhora da sua escolha e pôde fazer distinção entre os homens, elegeu-te para si, porque tens sido sempre um homem que sofre tudo, como se nada sofresse; um homem que com agradecimento igual tem recebido os favores e repulsas do destino. Felizes daqueles cuja razão e cujo sangue se acham tão bem combinados, que não servem de flauta, em que o dedo da fortuna tire som pelo orifício que lhe aprouver! Apresenta-me o homem que não seja escravo das paixões, e hei de trazê-lo no fundo do meu coração... sim... no coração do meu coração, como te trago sempre. Já falei demais a este respeito. Hoje à noite representa-se uma peça diante do rei. Uma das cenas aproxima-se das circunstâncias que te referi, da morte de meu pai. Peço-te que, quando vires chegar esse lance, observes meu tio com a maior penetração da tua alma; se o seu oculto delito não sair do antro em certa fala, então o espectro que vimos era um espectro infernal, e as minhas conjeturas são tão negras como a forja de Vulcano. Observa-o com atenção. Eu hei de ter os olhos cravados no seu rosto, e depois reuniremos as nossas opiniões para julgarmos conforme o que tivermos visto.

HORÁCIO

— Bem, meu senhor. Se ele me furtar alguma coisa, enquanto se representar a peça, e escapar à minha vigilância, pago eu o furto.

HAMLET

— Ei-los que chegam para a representação. Convém que eu pareça distraído. Escolhe um lugar.

(*Marcha dinamarquesa, clarins.*)

(*Entram o Rei, a Rainha, Polônio, Ofélia, Rosencrantz, Guildenstern e outros.*)

REI

— Como está o nosso sobrinho Hamlet?

HAMLET
— Otimamente, por minha fé! Vivo da comida do camaleão: sustento-me do ar, engordo com promessas. Não podíeis com tal regime engordar capões.

REI
— Não compreendo a resposta, Hamlet; essas palavras não são minhas.

HAMLET
— Não, nem minhas também agora[5]. (*A Polônio*:) Senhor, não dissestes que tínheis representado uma vez na universidade?

POLÔNIO
— Representei, senhor, e era tido por bom ator.

HAMLET
— Que papel fizestes?

POLÔNIO
— Fiz o papel de Júlio César; fui morto no Capitólio; Bruto assassinou-me.

HAMLET
— Foi uma ação de *bruto* matar um vitelo tão capital[6]. Estão prontos os cômicos?

ROSENCRANTZ
— Sim, meu senhor; esperam as vossas ordens.

RAINHA
— Vem cá, meu querido Hamlet, senta-te ao pé de mim.

HAMLET
— Não, minha boa mãe; está aqui um metal mais atraente.

POLÔNIO (*Ao Rei*:)
— Oh! Notais isto?

HAMLET (*Sentando-se aos pés de Ofélia.*)
— Posso deitar-me entre os teus joelhos?

OFÉLIA
— Não, meu senhor.

HAMLET
— Quero dizer: a cabeça no teu regaço?

OFÉLIA
— Sim, meu senhor.

HAMLET
— Pensas que eu falava como um rústico[7]?

OFÉLIA
— Não penso nada, senhor.

HAMLET
— É um lindo pensamento estar deitado no regaço de uma donzela[8].

OFÉLIA
— O que, senhor?

HAMLET
— Nada.

OFÉLIA
— Estais contente.

HAMLET
— Quem? Eu?

OFÉLIA
— Sim, meu senhor.

HAMLET

— Oh! Não sou mais do que o teu jogral. Que há de fazer um homem senão estar contente? Vê o ar satisfeito de minha mãe, e meu pai morreu há duas horas.

OFÉLIA

— Não, meu senhor; há duas vezes dois meses.

HAMLET

— Há tanto? Nesse caso, vista-se o diabo de preto, que eu quero trajar-me de martas zibelinas[9]. Oh! céus! Há dois meses que morreu e ainda não foi esquecido! Então pode haver esperança de que a memória de um grande homem lhe sobreviva meio ano. Mas, pela Virgem! é necessário que ele construa igrejas; senão há de sujeitar-se a que o esqueçam como o cavalinho de pau, cujo epitáfio é sabido:

> Ai! ai! ai! ai!
> Destino cruel e mau!
> Já hoje ninguém se lembra
> Do cavalinho de pau[10].

(*Soam as trompas. Começa a pantomima. Entram um Rei e uma Rainha, prodigalizando um ao outro muitas carícias. A Rainha abraça-o, ele abraça a Rainha; esta ajoelha e faz protestos de amor. O Rei levanta-a e encosta a cabeça no ombro da Rainha. Estende-se depois num banco todo coberto de flores. Ela, vendo-o a dormir, deixa-o. Então entra um homem, tira-lhe a coroa, beija-a, deita veneno no ouvido do Rei e sai. Volta a Rainha, encontra morto o Rei e manifesta grande desesperação. O envenenador aparece outra vez com dois ou três personagens mudos e finge chorar com a Rainha. O cadáver é retirado. O envenenador oferece presentes à Rainha, requestando-a. Ela a princípio mostra-se resistente, mas afinal aceita o seu amor.*)

(*Saem.*)

OFÉLIA

— Que quer dizer isto, meu senhor?

HAMLET

— É uma perversidade oculta; isto quer dizer: crime.

OFÉLIA
— Provavelmente a pantomima indica o argumento da peça.

(*Entra o Prólogo.*)

HAMLET
— Vamos sabê-lo já por este sujeito; os cômicos não podem guardar segredo; hão de contar tudo.

OFÉLIA
— Ele dir-nos-á o que significava aquela pantomima?

HAMLET
— Aquela e qualquer outra que lhe mostres. Não tenhas tu vergonha de a fazer representar, que ele não terá de a explicar.

OFÉLIA
— Sois muito mau! muito mau! Eu quero ouvir a peça.

O PRÓLOGO
— Para nós, para a tragédia
Imploramos indulgência.
Senhores, sede benévolos,
Ouvi-nos com paciência.

HAMLET
— Isto é um prólogo ou a divisa de um anel?

OFÉLIA
— É breve, meu senhor.

HAMLET
— Como o amor da mulher.

(*Entra um Rei e uma Rainha.*)

O REI DA PEÇA
— As ondas de Netuno e o globo terreal
Trinta vezes no carro esplêndido, abrasado
Tem percorrido o sol,

E trinta vezes doze o fulgor emprestado
Da lua se estendeu por sobre monte e val,
Como argênteo lençol,
Desde que as nossas mãos, o nosso afeto ardente
Sacrossanto Himeneu juntou eternamente.

A RAINHA DA PEÇA
— Ah! Se um número igual de vezes sol e lua
Percorressem no céu de novo a estrada sua,
Antes que a Deus provesse aniquilar, pôr fim
Ao vigor da paixão! Porém não... ai de mim!...
Há tempos para cá vivo em medo constante:
Sofres, estás mudado, é triste o teu semblante,
Sem fogo o teu olhar; porém, querido esposo,
Pelos receios meus não percas o repouso.
Como toda mulher, se acaso eu amo ou temo,
No susto ou na paixão atinjo logo o extremo,
Sabes de meu afeto a enorme intensidade;
Pois crê: não é menor o medo que me invade.
Quem ama, quem quer bem, de tudo tem pavor;
Quem receia de tudo, abrasa-se em amor.

O REI DA PEÇA
— É força que eu te deixe em breve, esposa minha;
Devo dizer-te adeus; sinto que se avizinha
A morte. Eu vou morrer; e tu feliz, querida,
Triunfarás a vida,
E — quem sabe? — ouvirás frases amigas
Dalgum terno marido.

A RAINHA DA PEÇA
— Oh! não! não! não prossigas.
Não! que esse amor seria um crime negro e feio!
Que Deus me amaldiçoe, se um dia no meu seio
Novo afeto brotar. Só ama outro consorte
A mulher, que ao primeiro esposo deu a morte.

HAMLET
— Isto é absinto!

A RAINHA DA PEÇA
— O sórdido interesse, o vício, a indignidade,
Porém nunca a paixão honesta persuade,
Nem manda contrair segundo casamento.
Mato outra vez sem dó, corto de novo o alento
Ao meu senhor primeiro, ao de minha alma eleito,
Quando segundo esposo abraço no meu leito.

O REI DA PEÇA
— Acredito, mulher, que a tua frase é pura,
Que exprime o teu sentir; porém o lábio jura,
E, passado um momento,
Vamos por nossas mãos quebrar o juramento.
Escrava da memória a tenção, que se faz,
É robusta ao nascer, porém pouco vivaz.
Bem como o verde fruto, adere hoje ao arbusto,
E, maduro amanhã, tomba no chão sem custo.
No mundo é lei fatal que toda a gente esqueça
De pagar o que deva a si, e que a promessa
No auge da paixão formulada a si mesmo,
Quando cessa o furor, seja lançada a esmo.
Gasta-se breve a dor que é por extremo forte;
Do júbilo o transporte
O próprio intento seu destrói, mata, aniquila;
Quando o prazer mais ri, mais pranto a dor estila,
Alegra-se a tristeza, entristece a alegria
Por qualquer acidente. A vida é só um dia;
É pois coisa vulgar
Que mudemos de amor, quando a sorte mudar.
Dos homens na ciência existe uma lacuna:
Decidir qual governa — o amor ou a fortuna?
Se um poderoso cai, desaparece a falsa
Turba, que o rodeava; e se um pobre se exalça,
Transmudar-se vê logo em multidão de amigos
Os feros inimigos.
Até hoje a fortuna é quem tem dado a lei;
Mas — para rematar, onde principiei —
A vontade e o destino em tal oposição
Costumam caminhar, que sem execução
Malogram-se apesar de esforços sobre-humanos

Todos os nossos planos.
O propósito é nosso, é nossa a ideia, sim;
Porém já não é nosso o resultado, o fim.
Tu julgas não querer casar segunda vez,
Cuidas sempre chorar a tua viuvez;
Mas esse pensamento há de cair no olvido
No dia em que morrer teu primeiro marido.

A RAINHA DA PEÇA
— Não mais permita o céu que eu possa ver a luz!
Prive-me a terra-mãe dos frutos que produz!
Para longe de mim fuja todo o prazer!
Abandonada e só arraste o meu viver
Em constante penar, em martírio cruel!
O deleite maior amargue como fel!
Neste e lá noutro mundo eu seja castigada,
Se, viúva uma vez, tornar a ser casada!

HAMLET (*A Ofélia*:)
— Se ela agora quebrasse o juramento!

O REI DA PEÇA
— Solene juramento! Amada esposa, sai,
Deixa-me ficar só por um instante, vai;
O espírito abatido e o débil corpo meu
Hão mister descançar nos braços de Morfeu.
(*Adormece.*)

A RAINHA DA PEÇA
— Dorme um tranquilo sono, esposo meu dileto,
E nunca se perturbe a paz do nosso afeto.
(*Sai.*)

HAMLET
— Então, senhora, que tal achais a peça?

RAINHA
— Parece-me que a rainha faz protestos demais.

HAMLET
— Sim, mas há de cumprir a sua palavra.

REI
— Conheceis o enredo? Não tem nada de ofensivo?

HAMLET
— Nada, absolutamente nada; é tudo brincadeira, há um envenenamento, mas é para rir; não há nada mais inofensivo no mundo.

REI
— Como se chama a peça?

HAMLET
— *Ratoeira*. Como? direis vós. Em sentido metafórico. Esta peça é a representação de um assassínio perpretado em Viena. Gonzaga é o nome do duque; Batista o da mulher. Ides ver. Como obra de perversidade é um primor; mas isso que importa? Vossa Majestade e eu, que temos consciências sossegadas, não devemos incomodar-nos. Dê pinotes o sendeiro a quem isso esfola; a nossa espinha não está ferida.

(*Entra Luciano*.)

HAMLET
— Este agora é um certo Luciano, sobrinho do rei.

OFÉLIA
— Substituís perfeitamente um coro, meu senhor.

HAMLET
— Eu era capaz de explicar o que se passa entre ti e o teu amante, se visse mexer os dois títeres.

OFÉLIA
— Estais muito afiado de espírito, senhor, estais muito afiado.

HAMLET
— Bastava um suspiro teu para embotar-me a ponta.

OFÉLIA
— De melhor a pior[11].

HAMLET
— É assim que escolheis os vossos maridos[12]. Principia, assassino! Deixa-te dessas malditas caretas, principia! Vamos!

O corvo a crocitar pede vingança!

LUCIANO
— O pensamento negro, ativa e pronta a mão,
A peçonha mortal, de molde a ocasião,
O lugar ermo e só! Tudo o que me rodeia
Conspira em meu favor, protege a minha ideia!
Maléfica poção por Hécate extraída
A noite duma planta infecta, emurchecida!
Anda, veneno meu, mostra quanto és possante,
Mata saúde e vida, aqui, num mesmo instante!
(*Deita veneno no ouvido do rei adormecido.*)

HAMLET
— Envenena-o no jardim para usurpar-lhe os estados. O seu nome é Gonzaga. A história é verdadeira, está escrita em castiço italiano. Ides já ver como o assassino conquista o amor da mulher de Gonzaga.

OFÉLIA
— O rei levanta-se!

HAMLET
— O quê? Com medo dum fogo fátuo?

RAINHA
— O que tendes, senhor?

POLÔNIO
— Suspendei a peça.

REI
— Tragam luzes! Saiamos!

TODOS
— Luzes! luzes! luzes!

(*Saem todos, ficando só Hamlet e Horácio.*)

HAMLET
— O veado ferido corre e chora,
O ileso gamo tem prazer jucundo!
Dormem uns, outros velam na mesma hora.
Eis como passa a vida neste mundo.

Não achas que (se a fortuna viesse a tratar-me como turco a mouro) bastava uma cena igual a esta, com uma floresta de penas na cabeça e duas rosas provençais nos sapatos, para entrar como companheiro numa matilha de cômicos[13]?

HORÁCIO
— Com meio quinhão.

HAMLET
— Com um quinhão inteiro[14].

Neste reino, que foi do próprio Jove,
Hoje domina a escória, o vil enxurro,
Pois tu sabes, Damão, que ele se move
À vontade de um grande... um grande... pavão[15].

HORÁCIO
— Podíeis ter rimado.

HAMLET
— Ah! meu hom Horácio! Aposto mil libras que o espectro falou verdade. Notaste?

HORÁCIO
— Muito bem, meu senhor.

HAMLET
— Quando se tratou de envenenamento?...

HORÁCIO
— Notei perfeitamente.

HAMLET
— Ah! ah! Um pouco de música. Venham as charamelas!

> Pois se o rei da comédia não gostou,
> Ora adeus! é porque não lhe agradou.

Vamos! um pouco de música!

(*Entram Rosencrantz e Guildenstern.*)

GUILDENSTERN
— Meu bom senhor, permiti que vos diga uma palavra.

HAMLET
— Uma história inteira.

GUILDENSTERN
— O rei, senhor...

HAMLET
— O que lhe sucedeu?

GUILDENSTERN
— Retirou-se aos seus aposentos, muito torvado...

HAMLET
— Pela bebida?

GUILDENSTERN
— Não, meu senhor; pela cólera.

HAMLET
Andaríeis melhor avisado participando isso ao médico; porque se eu intentasse purgá-lo, talvez lhe aumentasse a cólera.

GUILDENSTERN
— Senhor, ordenai as vossas respostas; não salteis assim fora do meu assunto.

HAMLET
— Eis-me sereno, senhor; dizei.

GUILDENSTERN
— A rainha, vossa mãe, na maior angústia e aflição, enviou-me à vossa presença.

HAMLET
— Bem-vindo sejais.

GUILDENSTERN
— Não, meu senhor; esses requintes de cortesia não são de boa lei. Se quereis dar-me uma resposta sã, cumprirei as ordens de vossa mãe; se não, ponho fim ao meu encargo pedindo-vos licença e retirando-me.

HAMLET
— Senhor, não posso.

GUILDENSTERN
— O que, meu senhor?

HAMLET
— Dar-vos uma resposta sã; tenho o juízo doente. Mas a resposta, tal qual posso dar-vos, está às vossas ordens, ou antes — como dizeis — está às ordens de minha mãe. Por consequência, sem mais delongas, passemos ao assunto. Minha mãe diz...

ROSENCRANTZ
— Que o vosso procedimento causou-lhe estranheza e maravilha.

HAMLET
— Ó portentoso filho, que assim pode maravilhar sua mãe! Mas a esse espanto de mãe não se segue alguma coisa? Falai.

ROSENCRANTZ

— Deseja conversar convosco no seu gabinete, antes de vos deitardes.

HAMLET

— Obedeceremos... Ainda que ela fosse dez vezes nossa mãe. Tendes mais algum negócio a tratar conosco?

ROSENCRANTZ

— Senhor, houve tempo em que éreis meu amigo.

HAMLET

— E ainda o sou, por estas duas mãos[16].

ROSENCRANTZ

— Meu bom senhor, qual é a causa da vossa enfermidade? Ocultando ao amigo as dores que vos afligem, fechais a porta à vossa própria libertação.

HAMLET

— Senhor, falta-me ser promovido.

ROSENCRANTZ

— Como pode ser isso, quando tendes o voto do próprio rei para lhe sucederdes no trono de Dinamarca?

HAMLET

— Sim; mas "enquanto a erva cresce..." o provérbio já está um pouco bolorento[17].

(*Entram os Cômicos e tocadores de charamela.*)

Oh! Charamelas! Vejamos uma.

(*A Rosencrantz e Guildenstern, que lhe fazem sinais*:)

Que me retire convosco? Para que pretendeis desviar-me do meu caminho, como se quisésseis lançar-me num laço?

GUILDENSTERN

— Oh! meu senhor! Se o meu dever para com o rei torna-me excessivamente ousado, a amizade que vos consagro é que me torna importuno.

HAMLET
— Não compreendo isso bem. Quereis tocar nesta charamela?

GUILDENSTERN
— Não me é possível, meu senhor.

HAMLET
— Peço eu.

GUILDENSTERN
— Acreditai-me; não posso.

HAMLET
— Suplico.

GUILDENSTERN
— Não sei como se toca este instrumento, meu senhor.

HAMLET
— É tão fácil como mentir. Ponde os dedos e o polegar sobre estes orifícios; soprai no instrumento com a boca, e ele emitirá a mais eloquente música. Aqui tendes, os orifícios são estes.

GUILDENSTERN
— Mas não os posso obrigar a emitir nenhuma sorte de harmonia; não possuo essa arte.

HAMLET
— Ora, vede que coisa tão ignóbil me julgais! Queríeis tirar som de dentro de mim; queríeis afetar conhecer-me a fundo; queríeis arrancar a alma do meu segredo; queríeis fazer vibrar desde a nota mais baixa até o maior agudo da minha escala e, todavia, não sois capaz de fazer falar este pequeno tubo, dentro do qual há tanta música e tão excelente voz. Acreditais, por acaso, que é mais fácil tanger o meu peito do que uma charamela? Dai-me o nome do instrumento que quiserdes, moei-me à vossa vontade, que nunca chegareis a tirar som.
(*Entra Polônio*.)
Deus vos abençoe, senhor.

POLÔNIO
— Meu senhor, a rainha pretende falar-vos, e já!

HAMLET
— Vedes aquela nuvem que tem quase a forma de um camelo?

POLÔNIO
— Pela santa missa! Parece um camelo, com efeito.

HAMLET
— Parece-me que é tal qual uma doninha.

POLÔNIO
— Tem as costas como uma doninha.

HAMLET
— Ou como uma baleia?

POLÔNIO
— É exatamente uma baleia.

HAMLET
— Bem, vou já ter com minha mãe. Tanto me obrigam a fazer de doido, que hão de endoidecer-me deveras. Vou já, já.

POLÔNIO
— Dir-lho-ei.
(*Sai.*)

HAMLET
— Já, já, é fácil dizer. Amigos, deixai-me só.
(*Saem Rosencrantz, Guildenstern, Horácio, etc.*)
É esta a hora da noite mais propícia aos sortilégios; hora em que se abrem os túmulos, e o próprio inferno vapora o contágio sobre o mundo. Neste momento, eu até era capaz de beber sangue quente e praticar ações tão amargas, que o dia havia de tremer ao contemplá-las. Devagar; vamos ter com minha mãe! Não percas a tua natureza, coração! Não deixes entrar a alma de Nero dentro desse peito firme. Sejamos cruel, desnaturado não; a minha boca vibrará punhais; porém as mãos hão de estar nuas, desarmadas. Minha língua e minha

alma, sede hipócritas nisto: por mais injúrias e ameaças que trovejem as palavras, nunca permitas, alma, que sejam postas em execução!

CENA III

Um quarto no palácio.

(Entram o Rei, Rosencrantz e Guildenstern.)

REI

— Não gosto dele, e, além disso, não estamos seguros, deixando em liberdade a sua doidice. Preparai-vos, pois; vou imediatamente expedir os vossos despachos, e ele partirá convosco para Inglaterra. O interesse do nosso império não se compadece com as perigosas eventualidades que a cada momento podem surgir dos seus ataques de loucura.

GUILDENSTERN

— Vamos aprontar-nos para partir. É sacratíssima e religiosíssima a solicitude com que velais pela segurança de tantos e tantos corpos que vivem e se nutrem da vida de Vossa Majestade[18].

ROSENCRANTZ

— Uma vida isolada e particular tem obrigação de preservar-se da desgraça com toda a força e todas as armas do seu espírito; porém tem obrigação ainda muito maior uma vida, de cuja segurança pendem as vidas de muitos outros. Um rei não morre só; mas, como abismo, arrasta consigo, atrai o que lhe fica próximo. É uma roda colossal, fixada no píncaro do monte mais elevado, em cujos raios enormes estão cravadas, anexas, dez mil coisas de somenos importância; quando cai, todos os pequenos acessórios, todas essas mesquinhas dependências, acompanham a ruidosa destruição. O rei nunca suspirou sem que houvesse um gemido universal.

REI

— Peço-vos que vos aponteis para esta viagem precipitada; queremos pôr cadeias a este terror, que vai andando agora com o passo muito livre.

AMBOS
— Vamos aprontar-nos depressa.

(*Saem Rosencrantz e Guildenstern. Entra Polônio.*)

POLÔNIO
— Senhor, ele dirige-se para o gabinete da mãe; colocar-me-ei atrás do reposteiro para ouvir a conversação. Asseguro-vos que a rainha vai repreendê-lo asperamente; mas, como dissestes (e com grande prudência o dissestes), convém que um outro ouvinte além da mãe (por isso que a natureza torna parciais as mães) escute o colóquio, às escondidas. Adeus, meu suserano. Antes de vos deitardes, irei procurar-vos e referir o que souber.

REI
— Obrigado, meu caro senhor.
(*Polônio sai.*)
Oh! o meu crime é pútrido; chega a empestar o céu. Traz consigo a primeira, a mais antiga maldição — o fratricídio!... Não posso rezar, ainda que seja tão vivo o meu desejo como a necessidade de o fazer; o crime, por ser mais forte, leva de vencida a forte resolução, e, como homem adstrito a dois deveres, fico perplexo não sabendo por onde principie e desprezo ambos. Pois quê? Se o sangue fraterno tornasse esta maldita mão mais espessa do que em realidade é, não haveria no céu piedoso chuva bastante que a alvejasse como branca neve? Para que serve a misericórdia senão para fazer rosto ao crime? E o que há na reza senão esta dupla força — suster-nos antes de cairmos ou perdoar-nos quando já estamos embaixo? Portanto, alevantarei os olhos; a minha culpa já lá vai... Oh! mas que forma de oração convém à minha causa?... "Perdoai o meu hediondo assassínio?..." Esta forma não pode ser porque ainda estou na posse dos objetos pelos quais perpetrei o homicídio — a minha coroa, a minha própria ambição, a minha rainha. Pode alguém ser perdoado sem reparar a ofensa? No infeccionado curso deste mundo a mão dourada do crime pode desencaminhar a justiça, e não raro se tem visto comprar a lei com o próprio ganho criminoso; mas lá em cima não sucede o mesmo. Lá não há sofismas, lá a ação manifesta-se em toda a verdade da sua natureza, e nós mesmos somos compelidos a evidenciar-nos e a depor ante o rosto descoberto das nossas culpas. Nesse caso, o que me resta? Experimentar o que pode o arrependimento? O que não poderá ele?

E todavia o que pode, quando um homem se não pode arrepender? Ó deplorável situação! Ó consciência, negra como a morte! Ó alma enviscada, que quanto mais trabalhas por soltar-te, mais e mais te prendes! Anjos, esforçai-vos por socorrer-me! Dobrai-vos, joelhos inflexíveis! e tu, meu coração, com fibras de aço, torna-te brando, tenro, como os nervos de criança recém-nascida! Tudo se pode remediar.

(*Ajoelha.*)

(*Entra Hamlet.*)

HAMLET (*À parte.*)

— Posso agora efetuar a obra; está rezando; e agora devo executar... Então vai ele para o céu... e eu fico assim vingado? Eis o que é preciso ponderar. Um vilão mata meu pai; e, por esse fato, eu — seu filho único — envio para o céu o mesmo vilão. Ah! isso é uma recompensa, uma paga, não uma vingança. Surpreendeu meu pai brutalmente, cheio de pão[19], quando todos os seus delitos estavam amplamente desabrochados, tão viçosos como o mês de maio... E quem sabe, senão Deus, as contas que ele há de prestar? Mas, segundo a minha opinião e as minhas conjeturas, a carga deve ser pesada. E fico eu vingado surpreendendo este na ocasião de purificar a sua alma, quando está apercebido, e na sazão própria para a viagem[20]? Não! Alto, minha espada! Medita num golpe mais terrível. Quando ele estiver bêbedo, a dormir, ou tomado de cólera, ou nos prazeres incestuosos do seu leito, jogando, jurando, ou a ponto de praticar um ato que não tenha o mais leve sabor de salvação, então derruba-o de forma que os seus calcanhares escoicinhem o céu, e que a sua alma seja tão condenada e tão negra como o inferno para onde vai. Minha mãe está esperando (*Voltando-se para o Rei.*) Este calmante apenas prolonga os teus dias enfermos.

(*Hamlet sai. O Rei levanta-se.*)

REI

— As minhas palavras voam para o alto, os pensamentos não saem da terra. Palavras sem pensamentos nunca chegam ao céu.

(*Sai.*)

CENA IV

O gabinete da Rainha.

(Entram a Rainha e Polônio.)

POLÔNIO

— Ele vem já. Não vos esqueçais de o repreender asperamente. Dizei-lhe que os seus desmandos foram demasiado longe para serem suportados, e que Vossa Majestade se colocou entre ele e uma ardente cólera. Ficarei aqui mesmo sem dizer nada. Peço-vos que lhe faleis sem rodeios.

HAMLET (*Fora de cena.*)

— Mãe! mãe! mãe!

RAINHA

— Asseguro-vos que falo; não duvideis de mim. Retirai-vos; ele aí vem, já o ouço.

(*Polônio esconde-se. Entra Hamlet.*)

HAMLET

— O que pretendeis, minha mãe?

RAINHA

— Hamlet, fizeste grave ofensa a teu pai.

HAMLET

— Mãe, fizestes grave ofensa a meu pai.

RAINHA

— Vamos, vamos; respondes com uma língua insolente.

HAMLET

— Vamos, vamos; interrogais com uma língua culpada.

RAINHA

— Que quer isso dizer, Hamlet?

HAMLET
— Que quereis dizer?

RAINHA
— Esqueceste-te de quem sou?

HAMLET
— Pela santa cruz, não decerto! Sois a rainha, mulher do irmão de vosso marido, e — provera a Deus que assim não fora! — sois minha mãe.

RAINHA
— Visto isso, vou mandar quem possa falar contigo.

HAMLET
— Então, então, sentai-vos; não haveis de falar nem mover-vos; não saireis daqui sem que vos eu tenha apresentado um espelho, em que vejais o íntimo de vós mesma.

RAINHA
— Que pretendes fazer? Queres porventura assassinar-me? Socorro! socorro! socorro!

POLÔNIO (*Atrás do reposteiro.*)
— Olá! Socorro! socorro!

HAMLET
— Que é isto? Um rato?
(*Atravessa o reposteiro com a espada.*)
Morto! Aposto um ducado que está morto!

POLÔNIO (*Atrás do reposteiro.*)
— Oh! Estou assassinado!
(*Cai e morre.*)

RAINHA
— Ai de mim! O que fizeste?

HAMLET

— Não sei, por minha fé. Seria o rei?
(*Levanta o reposteiro e arrasta o corpo de Polônio.*)

RAINHA

— Oh! que ação louca e sanguinária!

HAMLET

— Sanguinária ação! Quase tão cruel, minha boa mãe, como matar um rei e casar com o irmão.

RAINHA

— Matar um rei?

HAMLET

— Sim, minha senhora, foi a minha frase. (*A Polônio*:) Tolo, miserável, intrometido néscio, adeus! Tomei-te por alguém melhor do que tu; sofre o teu destino; já sabes que ser zeloso demais tem seu perigo. (*À mãe*:) Basta de torcer as mãos. Sentai-vos, e nem palavra! Vou torcer-vos o coração... sim, hei de torcê-lo, se porventura é feito de um estofo penetrável, se o hábito danado de pecar não o bronzeou a ponto de ficar à prova e ao abrigo de toda sensação.

RAINHA

— Que pratiquei eu para que ouses soltar a língua em tão rudes clamores contra mim?

HAMLET

— Uma ação que desbota o rubor e a graça da modéstia; chama à virtude hipocrisia; arranca da formosa fronte de um amor inocente a rosa pura e casta, e planta em seu lugar uma pústula; torna os votos do casamento falsos como juramentos de jogador! Oh! uma ação tal, que do corpo do contrato extirpa a própria alma e transmuda a doce religião numa rapsódia de palavras! A face do céu enrubesce; e a terra — esta massa compacta e sólida — com tristonho rosto, como se estivesse próximo o dia de juízo, adoece de pensar em semelhante ação.

RAINHA

— Ai! que ação é essa que ruge tão alto e se anuncia trovejando?

HAMLET

— Olhai para este quadro e para estoutro. São os retratos de dois irmãos. Vede a graça que se derrama naquela fronte: a ondeada cabeladura de Hipérion; o rosto do próprio Jove; o olhar, como o de Marte, rasgado para o comando e para a ameaça; a postura semelhante a do arauto Mercúrio acabando de pousar num outeiro que beija o céu; é na verdade um conjunto e uma forma, em que parece haver cada um dos deuses posto o selo para dar ao mundo a certeza de ver um homem. Esse tal foi vosso marido. Atentai agora no que se segue: é vosso esposo, dir-se-ia uma espiga enferrujada que destrói o florescente irmão. Tendes olhos? E pudestes deixar de viver sobre aquela formosa montanha para vir chafurdar neste pântano? Ah! tendes olhos? Não podeis chamar a isto amor, porque na vossa idade os alvoroços do sangue reprimem-se, tornam-se humildes, obedecem ao juízo. E que ente capaz de juízo saltaria deste para aquele? Tendes com certeza a faculdade de sentir; de outro modo não seríeis dotada de movimento; mas essa faculdade está sem dúvida enferma de apoplexia, porque a própria loucura não erraria tanto, nem a sensação seria jamais tão avassalada pelo delírio, que lhe não sobrasse a quantidade de critério bastante para avaliar tamanha diferença. Que demônio vos logrou assim neste jogo de cabra-cega? Os olhos sem o tato, o tato sem a vista, os ouvidos sem as mãos nem os olhos, o olfato sem mais nada, ou apenas uma parte doente de um só dos nossos verdadeiros sentidos não se embruteceria a esse ponto. Ó vergonha, onde está o teu rubor? Rebelde inferno, se podes revoltar-te nos ossos de uma velha matrona, então seja a virtude como cera para a ardente mocidade e derreta-se no seu próprio fogo! Não se proclame a vergonha daquele que se deixa arrastar pelo ardor tirânico da idade, uma vez que até o gelo se abrasa e a razão serve de alcoviteira ao desejo.

RAINHA

— Oh! Hamlet! não digas mais. Fazes-me volver os olhos para o fundo da minha alma, e descubro lá manchas tão negras, tão inveteradas, que nunca mais hão de perder a cor.

HAMLET

— E tudo para viver no infecto suor dum leito incestuoso, ferver na corrupção, dando beijos melífluos, recebendo-os sobre uma esterqueira imunda!

RAINHA

— Oh! não continues! Essas palavras entram-me nos ouvidos como punhais. Basta, querido Hamlet, basta!

HAMLET

— Um assassino e um celerado! um biltre, que não vale a vigésima parte de um décimo do vosso primeiro senhor! um rei de farsa! um gatuno do Estado e da lei, que roubou de cima duma estante um precioso diadema e meteu-o na algibeira!

RAINHA

— Basta!

(*Entra o Espectro*.)

HAMLET

— Um rei de andrajos e farrapos!... Salvai-me, guardas celestiais! adejai sobre mim com as vossas asas! (*Ao Espectro*:) Que pretendeis, graciosa aparição?

RAINHA

— Ah! está doido!

HAMLET

— Vieste porventura repreender o filho negligente que, deixando passar o tempo e a paixão, difere a execução importante do teu horrível mandado? Oh! dize!

ESPECTRO

— Não te esqueças. O único fim desta minha aparição é afiar o teu propósito quase embotado. Porém, olha! tua mãe está tomada de assombro; coloca-te entre ela e a sua alma, que neste momento lutam. Nos corpos mais fracos a imaginação atua com mais força. Fala-lhe, Hamlet.

HAMLET

— Que tendes, senhora?

RAINHA

— Ah! que tens tu, que fitas o olhar no vago e conversas com o ar incorpóreo? A tua alma concentra-se toda nos teus olhos, donde espreita com medo; e à semelhança dos soldados acordando ao grito de alarma, os teus cabelos deitados erguem-se do leito, como se tivessem vida, e eriçam-se na tua cabeça! Ó querido filho, derrama o orvalho fresco da paciência sobre o fogo e a chama do teu delírio. Para onde olhas?

HAMLET
— Para ele! para ele! Vede como reluz tão pálido! A sua forma e o seu infortúnio reunidos, se falassem às pedras, eram capazes de as tornar sensíveis. (*Ao Espectro*:) Não craves em mim os olhos, para que o teu aspecto lamentável não altere o rigor dos meus atos. A ação que devo executar perderia a verdadeira cor; em vez de sangue, talvez lágrimas.

RAINHA
— A quem estás dizendo isso?

HAMLET
— Não vedes nada aqui?

RAINHA
— Absolutamente nada; e, não obstante, vejo tudo o que aqui está.

HAMLET
— Não ouvistes nada?

RAINHA
— Nada, senão a nós mesmos.

HAMLET
— Pois bem; olhai para ali. Vede como sai furtivamente! Meu pai, trajando como em vida! Vede; lá vai ele, agora... agora mesmo... a sair à porta!

(*Sai o Espectro*.)

RAINHA
— É imaginação tua. O delírio tem a grande faculdade de gerar essas criações incorpóreas.

HAMLET

— Delírio! O meu pulso bate sossegadamente como o vosso e tange a mesma música de saúde. Não é loucura o que eu disse; ponde-me à prova e repetirei tudo, palavra por palavra; a loucura fugiria aos pulos. Mãe, por amor da salvação, não derrameis sobre a vossa alma o bálsamo enganador de que não é o vosso crime, e sim a minha loucura quem fala; isso apenas serve para cobrir com uma tênue película o lugar da úlcera, enquanto a gangrena sem ser vista, minando por baixo, infecciona tudo. Confessai-vos ao céu; arrependei-vos do que lá vai; guardai-vos do que está para vir; não deiteis estrume sobre a erva daninha, que se torna mais vigorosa. Perdoai a minha virtude; pois, nesta época, ofegante de gorda sensualidade, é necessário que a virtude peça perdão ao vício e suplique de joelhos licença para lhe fazer bem.

RAINHA

— Oh! Hamlet! partiste-me o coração em dois.

HAMLET

— Deitai fora a parte pior e vivei mais pura com a outra metade. Boa noite, mas não ide para o leito de meu tio; se não tendes virtude, afetai-a. O hábito, esse monstro que devora todo o sentimento e que de ordinário é demônio, é todavia anjo numa coisa: para a prática das ações boas e formosas dá-nos também um traje, uma libré, que é fácil de vestir. Abstende-vos esta noite, e isso facilitará a próxima abstinência; a seguinte será ainda mais fácil, porque o hábito pode quase mudar o cunho da natureza, pode senhorear o demônio ou expulsá-lo com um poder maravilhoso. Ainda uma vez: boa noite! e quando desejardes ser abençoada, então pedir-vos-ei a bênção. (*Mostrando Polônio.*) Quanto àquele senhor, arrependo-me do que pratiquei; mas o céu assim o quis — castigá-lo por minha intervenção, e a mim por intervenção dele —; quis que eu fosse a um tempo seu açoite e seu ministro. Encarrego-me dele e hei de responder pela morte que lhe dei. Mais outra vez: boa noite! Devo ser cruel com o fim único de ser humano. O mal principia agora; o pior ainda está para vir. Só uma palavra mais, senhora.

RAINHA

— Que devo eu fazer?

HAMLET

— Nada, por forma alguma, do que eu vos disse que fizésseis. Deixai que o rei, impando, vos atraia novamente para a cama; deixai que vos belisque as faces com ternura, que vos chame a sua rata; que por um par de beijos fétidos ou fazendo-vos cócegas no pescoço, com os seus dedos malvados, ele vos conduza ao ponto de descobrirdes todo este negócio — que não sou doido deveras mas doido por artifício. Bom seria que lhe revelásseis tudo; pois, que mulher, sendo uma rainha bela, ajuizada e casta, ocultaria informações tão preciosas a um sapo, a um morcego, a um gato? Que mulher procederia assim? Não, a despeito do juízo e da discrição, abri a gaiola em cima do telhado, deixai voar os pássaros; e à semelhança do famoso macaco, metei-vos dentro da gaiola para fazer a experiência e quebrai o pescoço na queda.

RAINHA

— Fica certo de que, se as palavras são feitas de sopro, se o sopro é feito de vida, não tenho vida para soprar o que me disseste.

HAMLET

— Devo partir para Inglaterra; sabeis?

RAINHA

— Ah! Tinha-me esquecido. É negócio assentado.

HAMLET

— As cartas estão seladas; e os meus dois condiscípulos — em quem me fio tanto como em víboras peçonhentas — são portadores do mandado; devem abrir-me caminho e fazer-me cair na cilada. Deixá-los! É um divertimento fazer ir pelos ares o engenheiro com o seu próprio petardo. Só se a coisa for muito difícil é que eu não hei de cavar uma jarda abaixo das suas minas e atirar com eles para a lua. É o cúmulo do prazer que duas ciladas se encontrem rosto a rosto.

(*A Polônio*:)

Este homem faz com que eu principie a arrumar as trouxas; vou levar estas entranhas[21] para o quarto próximo. Boa noite, mãe. Na verdade, este conselheiro, que era em vida um tratante, néscio e linguarudo, está agora muito sossegado, muito discreto e muito grave. Acabemos com isto, senhor. Boa noite, mãe.

(*Sai a Rainha por um lado, e pelo outro sai Hamlet arrastando o cadáver de Polônio.*)

❖

Notas do Ato III

[1] *We do sugar over the devil himself.*
Francisco Hugo diz: *emmieller le diable lui-même.*
Guizot: *Nous faisons paraîlre doux comme sucre le diable lui-même.*
Em português temos *adoçar* na acepção de mitigar, suavizar; temos *adoçar a boca a alguém*, isto é, enganá-lo com bons modos; e temos até a frase *adoçar o demônio*, que é a tradução literal da expressão inglesa.

[2] Ainda que no original se leia *scorns of time*, traduzimos *desta época* em virtude da explicação do dr. Warburton. Segundo este, os males a que Hamlet se refere não são os que derivam do tempo, mas de um século corrompido. Devemos supor — continua Warburton — que Shakespeare escreveu *scorns of this time*. Efetivamente, a descrição que se segue, dos males de uma época pervertida, confirma esta observação.

[3] *Termagant*, diz o original.
Nos antigos mistérios, havia uma divindade sarracena chamada Termagante, cujo caráter, assim como o de Herodes, era violento, bravateador. Guizot diz que era uma espécie de Mata-Mouros trágico e tomado a sério.

[4] *To shew... the very age and body of the time his forme and pressure.*
Traduzimos *a cada século, a cada encarnação do tempo*, seguindo o exemplo de Guizot e Francisco Hugo, que adotaram a correção de Mason. Em lugar de *the very age*, que não dá sentido algum admissível, Mason diz que se deve ler *every age and body of the time.*

[5] Segundo um provérbio inglês, as palavras de um homem deixam de pertencer-lhe logo que são proferidas.

[6] Como é fácil de ver, há aqui o trocadilho entre as palavras *Bruto* e *bruto* (Brutus e *brute*) e as palavras Capitólio e capital (Capitol e *capital*), que em inglês soam quase da mesma forma.

[7] A frase inglesa é: *do you think I meant country manners*? O dr. Johnson diz que o sentido é este: *do you imagine tha I meant to sit in your lap, with such rough gallantry as clowns use to their lasses*? Eis o motivo pelo qual traduzimos: *cuidais que eu falava como um rústico*?

[8] Na tragédia lê-se: *to lie between maid's legs*.

[9] Shakespeare escreve: *I'll have a suit of sables*.
Sable quer dizer a pele da marta zibelina, que era o enfeite mais luxuoso no tempo de Shakespeare; e na linguagem heráldica significa também a cor negra. O autor, empregando esta palavra, quis deixar o público hesitante entre os dois sentidos. Hamlet dissimulava; e por consequência dizia a Ofélia: "Vista-se o diabo de preto! eu quero o luxo e elegância das martas zibelinas!" Ao mesmo tempo segredava a si mesmo: "Não; o traje que me convém, e que eu desejo, é o luto piedoso, que finjo querer deixar".

[10] Nas festas populares do mês de maio havia um cavalinho de pau que era objeto de uma dança e de várias farsas. Os puritanos condenaram e proscreveram aqueles divertimentos, e em consequência disso apareceu uma balada ou cantiga, lamentando a sorte do cavalinho. Hamlet canta uma parte da balada, opondo ao esquecimento, em que tinha caído a inocente vítima dos sectários, a eterna memória, que deixava de si o fundador de qualquer igreja.

[11] *Still better, and worse*.
Traduzimos de melhor a pior, seguindo a opinião de Steevens. Este explica assim a frase: "better in regard to the wit of your *double entendre*, but worse in respect of the grossness of your meaning".

[12] Alude à promessa, feita pela mulher, de acompanhar o marido na melhor e na pior fortuna.

[13] Antigamente os sapatos elegantes eram golpeados, como os vestidos, para deixarem aparecer os forros de cores diversas. Tinham atacadores, *shoestrings*, e no centro, onde os atacadores se encontravam, punha-se-lhes um grande laço de fita em forma de rosa.
Shakespeare diz *matilha de cômicos* por alusão às matilhas de caça. Naquele tempo, escreve um comentador, a matilha de caça, *pack of hounds*, chamava-se: *cry of hounds*. Na tragédia lê-se: *cry of players*, matilha de cômicos.

[14] Os atores não tinham ordenados fixos. Eram todos, como hoje se diz, *societários* e dividiam entre si os lucros da empresa, segundo a *parte* que pertencia a cada um. Os secundários tinham meio quinhão, os mais importantes um quinhão inteiro. Horácio diz que Hamlet terá apenas meio quinhão, porque foi simples colaborador na peça que fez representar. Hamlet requer um quinhão inteiro, atendendo ao bom êxito do seu plano.

[15] Hamlet diz: *a very peacok*. A rima devia ser *a very ass*. Horácio entende que o rei da Dinamarca era mais digno da qualificação de *burro* do que de *pavão*.

[16] Na tragédia lê-se: *by these pickers and stealers*. Esta perífrase é tirada do velho catecismo inglês, que ensina ao catecúmeno: "Proíbe às tuas duas mãos que *furtem e roubem*".

[17] O provérbio era: "Enquanto a erva cresce, o cavalo faminto emagrece".

[18] O original diz: *those many many bodies*.
Os tradutores dizem: *innombrables existences, ces milliers d'hommes, tante migliaia d'uomini &*.
A todas estas formas achamos preferível a elegantíssima forma portuguesa: *tantos e tantos corpos*.

[19] Expressão bíblica tirada de Ezequiel. Falando de Sodoma diz o profeta: "Eis aqui qual foi a iniquidade de Sodoma, tua irmã: a soberba, *a fartura de pão*, e a abundância, e a ociosidade, dela e de suas filhas; e não estendiam a mão para o pobre indigente".

[20] *When he is fit and season'd for his passage*.
Guizot traduz: *lors'quil est prêt et accommode pour le voyage*.
Hugo: *quand il est en mesure et préparé pour le voyage*.
Ora *fit* corresponde perfeitamente ao termo português *apercebido*, isto é, provido do necessário, preparado. *Season'd* também tem na nossa língua o seu equivalente: *estar na sazão própria*, isto é, na ocasião oportuna, na quadra favorável. Daí o modo como traduzimos.

[21] *I'll lug the guts*.
Guts quer dizer *tripas*; mas no tempo de Shakespeare tinha uma significação mais ampla, e designava todas as vísceras contidas na cavidade torácica e abdominal. É isto o que em português se exprime por meio da palavra *entranhas*. Francisco Hugo também traduz *ses entrailles*.

Ato IV

CENA PRIMEIRA
Uma sala no castelo.

(Entram Rei, Rainha, Rosencrantz e Guildenstern.)

REI
—Esses gemidos, esses ais profundos, têm uma causa; deveis explicá-la; é importante que a conheçamos. Onde está vosso filho?

RAINHA (*A Rosencrantz e Guildenstern:*)
— Deixai-nos por um momento.
(*Saem Rosencrantz e Guildenstern.*)
Ah! meu bom senhor! O que eu vi esta noite!

REI
— O que foi, Gertrudes? Como está Hamlet?

RAINHA
— Furioso como o mar e o vento quando pleiteiam entre si qual é mais forte. Num acesso de loucura, ouvindo mexer alguma coisa atrás do reposteiro, fustiga o ar com a espada, e grita: *Um rato! um rato!* e nesta perturbação mental mata o bom do velho, que estava escondido.

REI
— Oh! deplorável ação! Se eu estivesse lá, ter-me-ia acontecido outro tanto. A sua liberdade é cheia de ameaças para todos: para vós, para mim, para qualquer. Quem responderá por esse ato sanguinário? Hão de lançar a responsabilidade sobre mim, cuja previdência deveria ter sopeado, enfreado e posto fora de toda a companhia aquele doido

rapaz; mas era tão grande o meu afeto que não quis compreender o que fosse mais acertado, e procedi como aquele que padecendo nojenta enfermidade, com o receio de a divulgar, deixa-a corroer até a medula da vida. Para onde foi ele?

RAINHA
— Foi pôr em lugar afastado o corpo que matou. Praticando esta doidice, a sua alma conserva-se pura, como o ouro num minério de vis metais. Ele chora pelo que fez.

REI
— Gertrudes, saiamos! Apenas o sol tiver tocado as montanhas, obrigaremos Hamlet a embarcar. Precisamos de toda a nossa finura e autoridade para disfarçar e desculpar aquela torpe ação.
(*Entram Rosencrantz e Guildenstern.*)
Olá! Guildenstern! Amigos, ide buscar quem vos auxilie. Hamlet, num ímpeto de loucura, matou Polônio e arrastou-o para fora do gabinete de sua mãe. Ide, procurai-o; falai-lhe brando e trazei o cadáver para a capela. Aviai-vos, peço-vos.
(*Saem Rosencrantz e Guildenstern.*)
Vamos, Gertrudes. Convocaremos os nossos amigos mais cordatos e informá-los-emos daquilo que tencionamos fazer, e bem assim do que em má hora se fez. Deste modo, a calúnia — cujos mexericos despedem sobre a superfície do mundo a sua carga envenenada, tão certeira como o canhão atira ao alvo — , a calúnia talvez erre o nosso nome e fira apenas o ar invulnerável. Vamos! Tenho a alma cheia de confusão e de terror.
(*Saem.*)

CENA II
Um quarto no castelo

(Entra Hamlet.)

HAMLET
— Ficou em lugar seguro.

ROSENCRANTZ E GUILDENSTERN (*Fora de cena.*)
— Hamlet! Hamlet!

HAMLET
— Que ruído é este? Quem chama por Hamlet? Oh! aí vêm eles.

(*Entram Rosencrantz e Guildenstern.*)

ROSENCRANTZ
— Que fizestes do cadáver, senhor?

HAMLET
— Misturei-o com o pó, de que é parente.

ROSENCRANTZ
— Dizei-nos onde está, a fim de que possamos tirá-lo e transportá--lo para a capela.

HAMLET
— Não acrediteis nisso.

ROSENCRANTZ
— Que não acreditemos em quê?

HAMLET
— Em que eu possa guardar o vosso segredo e não o meu. Além de que, ser interrogado por uma esponja! O que há de replicar sobre isso o filho de um rei?

ROSENCRANTZ
— Tomais-me por uma esponja, senhor?

HAMLET
— Sim; uma esponja que embebe as graças do rei, os seus favores e autoridade. Afinal de contas, são esses os empregados que melhores serviços prestam ao rei; ele guarda-os num canto da boca à semelhança do que faz o macaco: o primeiro que entrou é o último a ser engolido[1]. Quando o rei precisa do que chupastes, não tem mais do que espremer-vos, e vós, esponja, ficais outra vez seco.

ROSENCRANTZ
— Não vos compreendo, senhor.

HAMLET
— Folgo com isso; um propósito mau adormece num ouvido tolo.

ROSENCRANTZ
— Senhor, deveis dizer-nos onde está o corpo e acompanhar-nos à presença do rei.

HAMLET
— O corpo está com o rei, mas o rei não está com o corpo. O rei é uma coisa...

ROSENCRANTZ
— Uma coisa, senhor?

HAMLET
— Uma coisa de nada[2]. Levai-me à presença dele. Esconde-te raposa, e todos atrás[3].

CENA III

Outro quarto.

(Entra o Rei.)

REI
— Ordenei que procurassem Hamlet e descobrissem o corpo. Como é perigoso que este homem ande à solta! E contudo não podemos aplicar-lhe o rigor da lei; ele é querido da multidão alucinada, que não adora com a razão, mas com os olhos; e quando assim é, nunca se pesa o crime, mas o castigo infligido ao criminoso. Para que tudo corra em paz e em sossego, é necessário que este repentino afastamento pareça filho de uma pausada reflexão. As doenças desesperadas curam-se com remédios desesperados ou não se curam de todo.
(*Entra Rosencrantz.*)
Então? o que se passou?

ROSENCRANTZ
— Não fomos capazes de conseguir que nos dissesse onde está o cadáver.

REI

— E ele, onde está?

ROSENCRANTZ

— Ali fora, senhor; vigiado, esperando as vossas ordens.

REI

— Trazei-o à minha presença.

ROSENCRANTZ

— Olá! Guildenstern! Acompanha Sua Alteza.

(*Entram Hamlet e Guildenstern.*)

REI

— Então, Hamlet, onde está Polônio?

HAMLET

— Está a cear.

REI

— A cear? onde?

HAMLET

— Não onde come; porém onde é comido. Agora mesmo está em cima dele um congresso de vermes políticos. O verme é o único imperador em assuntos de banquete[4]; nós engordamos todos os outros animais para nos engordarmos, e engordamo-nos a nós mesmos para engordar os vermes. Um rei gordo e um mendigo magro não são mais do que duas iguarias diferentes; dois pratos, mas para a mesma mesa; nisto vem a dar tudo.

REI

— Ai! ai!

HAMLET

— Um homem pode pescar com o verme que se nutriu de um rei, e comer o peixe que se nutriu desse verme.

REI
— O que queres dizer com isso?

HAMLET
— Nada; quero só mostrar como um rei pode fazer uma viagem pelas tripas de um mendigo.

REI
— Onde está Polônio?

HAMLET
— No céu; mandai ver; se o vosso mensageiro o não encontrar lá, procurai-o vós mesmo no lugar oposto. Mas, falando com verdade, se o não encontrardes dentro de um mês, haveis de sentir-lhe o cheiro, quando subirdes a escada da galeria.

REI (*Aos do séquito*:)
Ide lá procurá-lo.

HAMLET
— Ele espera até a vossa chegada.

(*Saem os do séquito*.)

REI
— Hamlet, por tua segurança especial, que prezo tanto quanto deploro a ação que praticaste, urge que partas daqui com a presteza do relâmpago. Por consequência, prepara-te; o navio está pronto, e o vento é de feição; os teus companheiros esperam-te, e tudo está disposto para seguires viagem para Inglaterra.

HAMLET
— Para Inglaterra?

REI
— Sim, Hamlet.

HAMLET
— Está bem.

REI
— Assim poderias dizer, se conhecesses os meus projetos.

HAMLET
— Vejo um querubim, que os vê. Mas vamos; para Inglaterra! Adeus, querida mãe.

REI
— Teu carinhoso pai, Hamlet.

HAMLET
— Minha mãe; pai e mãe são marido e mulher; marido e mulher são uma e a mesma carne; por conseguinte, minha mãe. Vamos, para Inglaterra!
(*Sai.*)

REI
— Segui-o de perto; instigai-o a ir já para bordo. Nada de dilações; quero-o daqui para fora esta noite. Ide; tudo o que importa a este negócio está despachado e selado. Aviai-vos, peço eu.
(*Saem Rosencrantz e Guildenstern.*)
E tu, Inglaterra, se tiveres em algum apreço a minha amizade — e quanto ela vale há de dizer-to o meu grande poder, porque está ainda viva e rubra a cicatriz com que te marcou a espada dinamarquesa, e porque me tributas homenagem por um natural impulso de terror —, tu, Inglaterra, não receberás com frieza a minha mensagem soberana, que por meio de instantes cartas exige peremptoriamente a morte imediata de Hamlet. Faze isso porque Hamlet é uma febre que me abrasa o sangue, e tu deves curar-me, ó Inglaterra! Enquanto eu não souber que foi cumprida esta ordem, não haverá júbilo na minha alma, por mais que sorria a fortuna.
(*Sai.*)

CENA IV

Uma planície na Dinamarca.

(Entra Fortimbrás à frente do exército.)

FORTIMBRÁS

— Capitão, ide saudar da minha parte o rei da Dinamarca. Dizei-lhe que em vista do seu consentimento, Fortimbrás requer a prometida passagem através do seu reino. Sabeis onde devemos encontrar-nos. Se Sua Majestade quiser de nós alguma coisa, iremos à sua presença tributar-lhe a nossa homenagem. Fazei-o sabedor disto.

CAPITÃO

— Obedecerei, senhor.

FORTIMBRÁS

— Continuemos a marcha devagar.

(*Sai Fortimbrás e o exército. Entram Hamlet, Rosencrantz e Guildenstern.*)

HAMLET

— A quem pertencem aquelas forças, senhor?

CAPITÃO

— À Noruega.

HAMLET

— Dizei-me; para onde marcham?

CAPITÃO

— Marcham contra um certo ponto da Polônia.

HAMLET

— Quem as comanda, senhor?

CAPITÃO

— O sobrinho do velho rei da Noruega, Fortimbrás.

HAMLET

— Dirigem-se contra o coração da Polônia ou contra alguma terra da fronteira?

CAPITÃO

— Para falar verdade, e sem exageração, vamos conquistar uma nesga de terra que nenhum valor tem, além do nome. Eu não a tomava de renda por cinco ducados, cinco; nem a Polônia nem a Noruega tirariam dela maior lucro, se vendessem o domínio.

HAMLET

— Nesse caso, os polacos nunca hão de defendê-la.

CAPITÃO

— Defendem; já lá está uma guarnição.

HAMLET

— Duas mil almas e vinte mil ducados não bastavam para resolver a questão daquela ninharia. É como um abscesso, proveniente da excessiva riqueza e paz, que arrebenta no interior e não mostra a causa que faz morrer o homem. Agradeço-vos humildemente, senhor.

CAPITÃO

— Deus seja convosco.

(*Sai.*)

ROSENCRANTZ

— Quereis partir, senhor?

HAMLET

— Dentro de um minuto estarei convosco. Ide um pouco adiante.

(*Saem Rosencrantz e Guildenstern.*)

Como todas as circunstâncias depõem contra mim e esporeiam a minha tarda vingança! Que seria o homem, se a principal ventura, o ganho da sua vida, fosse unicamente dormir e comer? Uma besta, nada mais. Aquele que nos formou com tão vasta compreensão, com tal poder de olhar para o futuro e para o passado, decerto nos não deu essa capacidade e razão divina para tomarem bolor à falta de exercício[5]. Ou seja por um esquecimento bestial, ou pelo escrúpulo covarde de querer refletir excessivamente nas consequências (reflexão

que, dividida em quatro partes, tem apenas uma de prudência e três de pusilanimidade), não sei por que vivo sempre a dizer: *deve-se fazer isto*, tendo motivo, desejo, força e meios de o fazer. Exemplos, grandes como a terra, tenho a exortar-me; sirva de testemunha este exército de tal massa e peso, conduzido por um príncipe jovem e delicado, cujo valor entumescido por uma ambição divina desafia os acontecimentos invisíveis, e expõe o que nele há de mortal e frágil, a tudo o que podem ousar a fortuna, a morte e o perigo. E tudo por uma casca de ovo!... Para ser grande deveras é necessário não ficar comovido sem grande causa; mas também é preciso armar corajosamente uma pendência por dá cá aquela palha[6], quando nisso anda envolta a honra. O que sou então eu, que tenho o pai assassinado e a mãe poluída a incitarem-me a razão e o sangue, e deixo dormir tudo? ao passo que por minha vergonha vejo a morte iminente de vinte mil homens que, por uma quimera, uma glória sem valor, caminham para a sepultura como para o leito, combatendo por um pedaço de terra, em que se não podem desdobrar as hostes numerosas, e que é vala pequena demais, recinto estreito para cobrir os mortos? Oh! doravante sejam meus pensamentos sanguinários ou então reduzam-se a nada!
(*Sai*.)

CENA V

Elsenor, uma sala no castelo.

(*Entram a Rainha e Horácio*.)

RAINHA
— Não lhe quero falar.

HORÁCIO
— Ela quer por força; está delirando com certeza, o seu estado merece compaixão.

RAINHA
— O que pretende?

HORÁCIO
— Fala muito no pai; diz que sabe que há muita maldade no mundo; soluça, dá pancadas no peito; bate com o pé cheia de raiva

por uma bagatela; não diz coisa com coisa. As suas frases nada significam, e todavia a forma estranha da linguagem provoca os ouvintes à reflexão. Procuram o sentido e cirzem as palavras segundo os seus próprios pensamentos; e como ela os acompanha com o piscar dos olhos, o menear da cabeça e vários gestos, qualquer poderia supor que na verdade existe ali uma ideia, a qual bem que não seja definida é, contudo, muito sinistra.

RAINHA

— Seria bom falar-lhe, porque ela poderia semear conjeturas perigosas nos espíritos propensos a julgar mal. Mandai-a entrar.

(*Sai Horácio.*)

À minha alma enferma — é assim a verdadeira natureza do pecado! — qualquer coisa de nada afigura-se o prólogo de uma grande desventura. O crime é tão cheio de inábil desconfiança, que se desvenda a si mesmo com o medo de ser desvendado.

(*Entram Horácio e Ofélia.*)

OFÉLIA

— Onde está a formosa rainha da Dinamarca?

RAINHA

— O que é, Ofélia?

OFÉLIA (*Cantando.*)

Como é que de amores pérfidos
Se distingue o verdadeiro?
Tem bordão? usa sandálias?
E conchas como um romeiro?

RAINHA

— Oh! minha doce Ofélia, que significa esse canto?

OFÉLIA

— O que dizeis? Pois bem; dai atenção.

(*Canta.*)

Morreu e partiu. Examine.
Partiu; na cova repousa.

Verde relva sobre o crânio,
Aos pés a marmórea lousa.

Oh!

RAINHA
— Sim; mas, Ofélia...

OFÉLIA
— Dai atenção, peço-vos.
(*Canta.*)

Por sobre a mortalha nívea

(*Entra o Rei.*)

RAINHA
— Ai! Vede isto, senhor.

OFÉLIA (*Continuando.*)
Era um recamo de flores,
Orvalhadas por funéreo
Pranto desfeito de dores.

REI
— Como estás, formosa rapariga?

OFÉLIA
— Bem, Deus vos pague! Dizem que a coruja era filha de um padeiro[7]. Senhor, sabemos o que somos, porém não o que podemos ser. Deus esteja à vossa mesa.

REI
— Refere-se ao pai.

OFÉLIA
— Nem mais palavra a este respeito, por quem sois; mas, quando vos perguntarem o que isto significa, respondei:

O dia de amanhã é de São Valentim;
Para a tua janela a toda a pressa vim
Antes de rutilar a estrela matutina,
Porque desejo ser a tua Valentina[8].
O amante despertou, vestiu-se, abriu a porta,
Fez protestos, jurou; mas o que mais importa
É que ela entrou cingindo a virginal capela,
Depois, quando saiu... já não saiu donzela.

REI
— Encantadora Ofélia!

OFÉLIA
— Vou terminar sem dizer uma blasfêmia.

"Ó Santa Caridade! Ó Cristo[9]! Ai! que desar"!
Exclamava a infeliz.
Ele dizia só: "Qualquer no meu lugar
Faria o que eu te fiz".
"Pois sim; mas prometeste (ó crua impiedade!)
Com sorriso amoroso
Antes de amarrotar a minha virgindade,
Ser o meu terno esposo".
"E havia de cumprir, pois cumpro quanto digo,
Juro por este sol,
Se não tens vindo aqui deitar-te hoje comigo
Sob o mesmo lençol".

REI
— Há quanto tempo está ela assim?

OFÉLIA
— Espero que tudo corra bem. É preciso ter paciência; mas não posso... hei de chorar por força, lembrando-me de que o puseram debaixo da terra fria. Meu irmão há de sabê-lo, e por isso agradeço os vossos bons conselhos. Vamos, o meu coche! Boa noite, minhas senhoras; boa noite, minhas queridas senhoras; boa noite, boa noite.
(*Sai.*)

REI

— Acompanhai-a e tende cuidado nela, peço-vos.

(*Sai Horácio*.)

É o veneno de uma dor profunda; tudo procede da morte do pai! Ó Gertrudes, Gertrudes! agora repara bem: as desgraças, quando acometem, não vêm uma por uma como exploradores; vêm formadas em batalhões. Primeiro assassinaram-lhe o pai; em seguida partiu o teu filho, sendo ele próprio o violentíssimo autor do seu justo exílio; depois, amotinou-se o povo lamacento, pernicioso em suas ideias e murmúrios sobre a morte de Polônio — e andamos inconsideradamente enterrando-o em segredo; agora a pobre Ofélia arrebatada de si e daquela nobre razão, sem a qual não passamos de simulacros humanos ou de simples animais; por último (e este acontecimento abrange todos os outros), o irmão volta de França ocultamente, alimenta-se do seu pasmo, esconde-se entre nuvens e não lhe faltam moscas zumbidoras, que lhe infeccionem os ouvidos com pestilentes narrações da morte do pai. Nessas narrações, a necessidade de um assunto miserável fará com que, sem o mínimo escrúpulo, ande a nossa pessoa acusada de ouvido em ouvido. Tudo isto, querida Gertrudes, à semelhança da metralha mortífera, dá-me supérflua morte em muitas partes.

(*Ruído dentro do teatro*.)

RAINHA

— Ai! Que ruído é este?

(*Entra um Cortesão*.)

REI

— Olá! Onde estão os meus suíços? Que fiquem de guarda à porta!... De que se trata?

CORTESÃO

— Salvai-vos, senhor! O oceano, transpondo as suas barreiras, não devora a planície com mais impetuosa rapidez do que o jovem Laertes, à testa dos revoltosos, lança por terra os vossos oficiais. A turba chama o senhor; e como se o mundo estivesse em princípio agora, como se a antiguidade e o costume — ratificação e esteio de todos os títulos — estivessem votados ao esquecimento, ou fossem desconhecidos, os rebeldes exclamam em grita: "Temos direito de escolher! Laertes há de ser rei!" Os chapéus, as mãos, as línguas aplaudem até as nuvens este grito: "Laertes há de ser rei! Laertes rei!"

RAINHA
— Com que júbilo seguem, ladrando, um rasto enganador! Errais a pista, falsos cães dinamarqueses!

REI
— Arrombaram as portas.

(*Ruído dentro do teatro.*)
(*Entra Laertes seguido da multidão.*)

LAERTES
— Onde está esse rei?... Senhores, ficai todos fora.

TODOS
— Não; entremos.

LAERTES
— Peço que vos fieis em mim.

TODOS
— Sim! sim!
(*Retiram-se para fora da porta.*)

LAERTES
— Obrigado. Ficai de guarda à porta. Ó tu, rei infame, entrega--me meu pai.

RAINHA
— Serenai-vos, bom Laertes.

LAERTES
— A gota de sangue que serenasse dentro de mim proclamar-me-ia bastardo, desonraria meu pai, gravaria o ferrete — *prostituta* — na fronte imaculada e casta de minha virtuosa mãe.

REI

— Laertes, por que motivo se apresenta a tua rebelião com um aspecto de gigante? Deixa-o, Gertrudes; não temas pela minha pessoa. Há uma divindade que forma em torno do rei uma sebe de tal ordem, que a traição mal pode entrever a furto o que desejava, e põe por obra pouco da sua vontade. Dize-me, Laertes: por que estás assim tão inflamado? Deixa-o, Gertrudes. Fala, homem.

LAERTES

— Onde está meu pai?

REI

— Morreu.

RAINHA

— Não por culpa do rei.

REI

— Deixa-o perguntar quanto quiser.

LAERTES

— Como morreu ele? Não quero que me iludam. Para o inferno a obediência! Leve o diabo os juramentos! Vão para as profundas do abismo a religião e a consciência! Desafio a condenação! Estou chegado ao ponto de desprezar este mundo e o outro, aconteça o que acontecer! Só uma coisa desejo: vingar a morte de meu pai até à última.

REI

— Quem te poderá impedir?

LAERTES

— A minha vontade, não a do mundo inteiro; e pelo que respeita aos meios de que disponho, aproveitá-los-ei tão bem, que com pouco hão de ir longe.

REI

— Bom Laertes, se desejas saber a verdade da morte de teu pai, está porventura escrito na tua vingança que derrubarás com o mesmo golpe amigos e inimigos, inocentes e culpados?

LAERTES
— Só os inimigos.

REI
— Queres então conhecê-los?

LAERTES
— Aos seus amigos leais recebê-los-ei de braços abertos; e como o terno pelicano, que dá a própria vida, hei de nutri-los do meu sangue.

REI
— Ainda bem; agora falaste como bom filho e completo cavalheiro. Assim como a teus olhos aparece clara a luz do dia, também há de aparecer à tua razão que estou inocente da morte de teu pai, e com ela experimento uma dor profunda.

O POVO (*Fora de cena.*)
— Deixai-a passar.

LAERTES
— Que é isto? Que rumor é este?
(*Entra Ofélia coroada de flores e palhas.*)
Ó febre, escalda o meu cérebro! Lágrimas, sete vezes salgadas, queimai a sensibilidade e força dos meus olhos! Hão de pagar tão caro a tua loucura, que o peso do castigo fará pender a balança para o nosso lado. Rosa de maio, inocente donzela, irmã carinhosa, doce Ofélia! Ó céus! Pois é possível que o juízo duma rapariga seja tão mortal como a vida de um ancião? Apura-se a natureza com o amor e, depois de apurada, exala de si mesma alguma essência preciosa em seguimento do objeto estremecido[10].

OFÉLIA (*Cantando.*)
Nem um véu sobre a fronte nobre e altiva!
Que lástima! que pena sem igual!
Mas sobre a humilde campa se deriva
Uma fonte de lágrimas caudal.
Adeus, meu amor.

LAERTES

— Se estivesses em teu juízo e quisesses persuadir-me à vingança, não me comoverias tanto como assim.

OFÉLIA

— Deveis cantar:

Abaixo, abaixo
Deitai-o abaixo!

Como cai aqui tão bem o estribilho[11]! É o mordomo infiel, que roubou a filha de seu amo.

LAERTES

— Estes nada valem mais do que muitas coisas ajuizadas.

OFÉLIA (*A Laertes*:)

Toma... rosmaninho; é para a memória; peço-te, meu amor, que te lembres de mim. Isto são amores perfeitos... para te fazerem pensar[12].

LAERTES

— Um raciocínio no meio da loucura! A coexistência do pensamento e da memória.

OFÉLIA (*Ao Rei*:)

— Para vós, funcho e papoulas[13].

(*À Rainha*:)

Aqui tendes arruda... ainda há um bocado para mim... podemos chamar-lhe erva santa dos domingos... nas vossas mãos tem uma significação diferente da que tem nas minhas[14]... Agora um malmequer[15]... queria dar-vos também algumas violetas... murcharam todas quando morreu meu pai[16]. Dizem que ele teve um bom fim.

(*Canta*.)

O formoso Robim é todo o meu prazer[17].

LAERTES

— A tristeza, a aflição, o desespero, o próprio inferno — tudo ela converte em graça e em doçura.

OFÉLIA (*Canta.*)

Ele virá outra vez?
Ele virá outra vez?
Não vem — que mofina sorte! —
Jaz no seu leito de morte,
Não, não... não vem outra vez.

Tinha a barba como linho,
A cabeça era um arminho.
Partiu; não peço que venha.
É melhor não, Deus o tenha
Junto de si bem vizinho!

E a todas as almas cristãs. Rogo a Deus... Deus seja convosco. (*Sai.*)

LAERTES
— Vedes isto, ó Deus!

REI
— Laertes, eu devo associar-me[18] à tua dor, ou privas-me de um direito. Retiremo-nos um instante; de entre os teus amigos mais prudentes escolhe os que quiseres, e esses ouvirão e julgarão entre ti e mim. Se me acharem comprometido por uma ação direta ou colateral, entregar-te-ei como reparação o meu reino, a minha coroa, a minha vida e tudo a que possa chamar meu. Se não, contenta-te de prestar-me a tua paciência, e trabalharei de acordo com a tua alma para dar-lhe a devida satisfação.

LAERTES
— Pois bem; seja! O gênero de morte de meu pai, o seu obscuro funeral — nem troféu, nem espada, nem escudo sobre o féretro, nenhum rito nobiliário, nenhuma pompa oficial — gritam como voz que se fizesse ouvir do céu à terra, que é meu dever inquirir sobre este assunto.

REI
— Pois inquire; e caia o machado onde estiver o crime. Peço-te que venhas comigo.
(*Saem.*)

CENA VI

Outra sala.

(Entram Horácio e um Criado.)

HORÁCIO

— Quem são os homens que me querem falar?

CRIADO

— São marinheiros, senhor; dizem que vos trazem cartas.

HORÁCIO

— Manda-os entrar.

(*Sai o Criado.*)

Não sei de que parte do mundo possa receber cartas, a não ser de Hamlet.

(*Entram os Marinheiros.*)

PRIMEIRO MARINHEIRO

— Deus vos abençoe, senhor.

HORÁCIO

— E também a ti.

PRIMEIRO MARINHEIRO

— Há de abençoar, se for da sua vontade. Aqui tendes uma carta, senhor; vem da parte do embaixador que tinha embarcado para Inglaterra. Se o vosso nome é Horácio, como me disseram, a carta é para vós.

HORÁCIO (*Lê.*)

Horácio, depois de teres lido esta, proporciona a esses homens algum meio de se apresentarem ao rei: levam cartas para ele. Ainda não eram passados dois dias que estávamos no mar, quando um pirata muito bem esquipado em guerra nos deu caça. Vendo que éramos demasiado fracos em velas, revestimo-nos de uma coragem desesperada. Deitado o arpéu, abordei-os. No mesmo instante, desaferraram-se do nosso navio, de forma que só eu fiquei prisioneiro. Usaram comigo como ladrões misericordiosos; mas sabiam o que faziam; estou na obrigação de pagar-lhes bem. Faze chegar às mãos do rei as cartas que lhe envio, e vem ter comigo tão depressa como se fugisses da morte. Tenho coisas para dizer-te ao ouvido, que te hão de fazer ficar mudo e todavia serão fraquíssimas para a importância do negócio. Esses bons homens conduzir-te-ão onde estou. Rosencrantz e Guildenstern continuam a sua viagem para Inglaterra; tenho muito que te contar a respeito deles. Adeus.— Aquele que sabes ser sempre teu,

HAMLET

Vinde; vou proporcionar-vos a maneira de entregardes as cartas. Fazei-o com a maior brevidade, para que possais conduzir-me onde está a pessoa de quem as trouxestes.

(*Saem.*)

CENA VII

Outra sala.

(Entram o Rei e Laertes.)

REI

— A tua consciência deve agora confirmar a minha justificação, e tu deves conceder-me no teu peito um lugar de amigo; pois ouviste — e com ouvido inteligente — que quem assassinou teu nobre pai tramava contra a minha vida.

LAERTES

— É evidente; mas dizei-me: por que não procedestes contra esses atos de natureza tão grave e criminosa como fortemente vos estimulavam a vossa segurança, a vossa grandeza, o vosso juízo, tudo enfim?

REI

— Oh! por duas razões especiais que talvez se te afigurem de pouca monta e que todavia são para mim de grande peso. A rainha, sua mãe, vive quase dos olhos dele; e, pelo que me diz respeito (ou seja virtude ou seja infelicidade), ela está ligada tão intimamente à minha vida e à minha alma que não pratico ação independente da sua vontade, como estrela que apenas se move dentro da sua esfera. O outro motivo, que me não deixa tirar uma inquirição pública, é o grande amor que lhe consagra o povo, o qual afogaria no seu afeto todos os crimes de Hamlet, e à semelhança da fonte, que torna a madeira em pedra, converteria as suas cadeias em sinais de graça. E desta sorte as minhas flechas, de madeira extremamente leve para tão impetuoso vento, voltariam ao meu arco em vez de bater no alvo.

LAERTES

— E entretanto perdi um nobre pai, vejo minha irmã caída num estado sem esperança, minha irmã, cujo mérito (se é possível gabar o que já não existe) levantado ao fastígio das suas perfeições, chamaria todo o século a desafio. Mas a minha vingança há de chegar.

REI

— Não percas o sono por tal causa! Deves supor que não sou feito de massa tão insensível e tão vil, que o perigo me faça tremer a barba, e eu considero isso um passatempo. Dentro em breve hás de saber mais. Fui amigo de teu pai e sou amigo de mim mesmo, e isso — espero eu — te fará entender...

(*Entra um Mensageiro.*)

O que é? Que novidades há?

MENSAGEIRO

— Cartas de Hamlet, senhor. Esta para Vossa Majestade e esta para a Rainha.

REI

— De Hamlet? Quem trouxe?

MENSAGEIRO

— Uns marinheiros, segundo me disseram, senhor; eu não os vi. As cartas foram-me entregues por Cláudio, que as recebeu de quem as trouxe.

REI

— Vais ouvir, Laertes. Deixa-nos.

(*Sai o Mensageiro.*)

Alto e poderoso senhor: Sabereis que sou chegado nu ao vosso reino. Amanhã pedirei licença para apresentar-me aos vossos reais olhos; nessa ocasião, implorando antecipadamente a vossa indulgência, referirei a causa do meu súbito e ainda mais estranho regresso.

HAMLET

Que significará isto? Regressariam todos os outros? Ou é um embuste, e não há visos de verdade?

LAERTES

— Conheceis a letra?

REI

— É letra de Hamlet. *Nu*!... E aqui, em *post-scriptum* acrescenta: *Só*. Podes explicar-me isto?

LAERTES

— Não atino com o sentido, meu senhor. Mas... que venha. Inflama-se-me o coração enfermo com a ideia de que hei de viver e dizer-lhe na cara: "Eis o que fizeste!"

REI

— Se assim for Laertes — como é possível ser assim?... mas como poderia ser doutra forma? — deixas-te guiar por mim?

LAERTES

— Sim, meu senhor, contanto que não me obrigueis a fazer a paz.

REI

— Só a paz contigo mesmo. Se é verdade que Hamlet voltou, e descoroçoado da viagem não pensa em empreendê-la de novo, empenhá-lo-ei numa aventura que trago amadurecida no pensamento, e em que ele há de infalivelmente sucumbir. Por causa da sua morte não murmurará um sopro de acusação; até a mãe absolverá o ardil e chamar-lhe-á um acontecimento acidental.

LAERTES

— Senhor, deixar-me-ei governar; e, de melhor grado ainda, se dispuserdes as coisas de maneira que possa eu ser o instrumento.

REI

— Pois bem. Depois da tua viagem tem-se falado muito de ti na presença de Hamlet, por uma habilidade em que — segundo afirmam — sobressais. Todos os teus merecimentos reunidos não lhe inspiraram tanta inveja como este só, que em minha opinião é de ínfima ordem[19].

LAERTES

— Que merecimento é esse, meu senhor?

REI

— Uma simples fita no chapéu da mocidade e que todavia lhe é necessária — pois não quadram menos à juventude os trajes garridos e louçãos, com que se veste, do que assentam à idade madura as roupagens negras e as peles, convenientes à saúde e à gravidade. Esteve aqui, há dois meses, um cavalheiro da Normandia — eu servi contra os franceses, conheço-os de perto, montam bem a cavalo —; mas este bravo mancebo era uma verdadeira maravilha; arraigava-se na sela e conseguia do cavalo manejos tão admiráveis, como se estivesse incorporado com o nobre animal. Excedia a tal ponto a minha imaginação que, por mais que eu fantasiasse manejos e exercícios de destreza, ficava sempre abaixo do que ele fazia.

LAERTES

— Era um normando?

REI

— Um normando.

LAERTES

— É Lamond, por vida minha!

REI

— Ele mesmo.

LAERTES

— Conheço-o bem; é a joia, a pérola, de toda a nação.

REI

— Rendeu-te homenagem e declarou-te mestre consumado na arte e exercício da esgrima, especialmente no jogo da espada. Seria coisa muito para ver-se — exclamou ele — se alguém te pudesse fazer rosto; e julgava que os esgrimidores do seu país não tinham agilidade, nem guarda, nem olho, quando eras seu adversário. Este elogio envenenou Hamlet com um tal ciúme, que ele não fazia mais do que desejar e pedir o teu pronto regresso para medir-se contigo. Agora, em vista disso...

LAERTES
— Em vista disso, o que, meu senhor?

REI
— Laertes, amavas teu pai ou és como que o retrato de uma dor — um rosto sem coração?

LAERTES
— Por que o perguntais, senhor?

REI
— Não porque julgue que o não amavas; mas eu sei que o tempo faz nascer o amor, e vejo no decurso dos acontecimentos cotidianos que o tempo lhe modera o brilho e o fogo. Mesmo no centro da chama do amor há uma espécie de torcida ou pavio que o há de apagar. Nenhuma coisa se manteve sempre em igual estado de perfeição, porque a perfeição, crescendo até a pletora, morre de excesso próprio. Aquilo que tivéssemos vontade de fazer, deveríamos fazê-lo no momento em que tivéssemos vontade; porque essa vontade varia e passa por tantos abatimentos e dilações, quantas são as línguas, as mãos, os acidentes que se interpõem; converte-se então num pródigo suspiro, que prejudica dando alívio. Mas... toquemos no vivo da ferida. Hamlet está de volta. O que seria teu desejo empreender para mostrares, mais por obras do que por palavras, que és em verdade filho de teu pai?

LAERTES
— Cortar-lhe as goelas, ainda que fosse numa igreja.

REI
— Com efeito, nenhum lugar devia ser um santuário para o assassino nem a vingança devia ter limites. Porém, meu bom Laertes, se desejas fazer isso, deixa-te ficar fechado no teu quarto. Quando Hamlet chegar, há de saber que regressaste. Cercá-lo-emos de pessoas que exaltem a tua superioridade e acrescentem novo lustre aos elogios

que te dispensou o francês; enfim, colocar-vos-emos, a ti e a ele, um defronte do outro, e apostaremos sobre as vossas cabeças. Ele, que é inadvertido, muito generoso e livre de toda suspeita, não examinará as armas; de sorte que sem dificuldade, ou com um pouco de manha, poderás escolher uma espada de ponta e, num bote insidioso, dar-lhe o pago da morte de teu pai.

LAERTES
— É o que vou fazer, e com esse intuito envenenarei a minha espada. Comprei a um charlatão um unguento tão mortal, que basta embeber nele uma faca para que — se esta fizer correr sangue — não haja cataplasma por mais rara, composta de todos os simples que possuem virtude debaixo da lua, que possa salvar da morte um ente que for apenas arranhando. Mergulharei no tal veneno a ponta da minha espada, a fim de que, se eu tocar levemente, seja a morte.

REI
— Pensemos ainda mais sobre o assunto; ponderemos a ocasião e os meios que melhor possam convir ao nosso intento. Se isto falhasse, ou se a nossa intenção se descobrisse em virtude de uma imperfeita execução, melhor fora que nada houvéssemos tentado. Por conseguinte o projeto deve ter uma reserva, um segundo projeto que resista, se o primeiro arrebentar na prova[20]. Devagar... vejamos... Faremos uma aposta solene sobre a mestria de cada um. Ah!... já cá está... Quando estiverem ambos encalmados e sequiosos por causa do combate (e, para que assim aconteça, atira os botes com a maior violência), quando ele pedir de beber, terei preparada uma taça de propósito; tocando-lhe apenas com os lábios, se por acaso tiver evadido a tua folha envenenada, ainda assim conseguiremos o nosso fim. Mas, silêncio! Que ruído é este?
(*Entra a Rainha.*)
O que é, minha querida rainha?

RAINHA
— Uma desgraça anda sempre na pista de outra desgraça... tão de perto se seguem! Vossa irmã afogou-se, Laertes.

LAERTES
— Afogou-se! oh! onde?

RAINHA

— Na borda do regato há um salgueiro, cujas folhas prateadas se espelham na vítrea corrente. Ali se achava ela entretecendo fantásticas grinaldas de ranúnculos, urtigas, boninas e daquelas grandes flores purpúreas a que os pastores soltos de língua dão mais grosseiro nome, e que as nossas castas donzelas chamam *dedos de defuntos*. Quando trepava para nos ramos inclinados pendurar a sua coroa de ervas agrestes, eis que a ponto se quebra uma vergôntea inimiga, e Ofélia cai no ribeiro lacrimoso de envolta com os seus rústicos troféus. Os vestidos incharam e sustiveram-na por algum tempo ao lume da água, como se fora uma sereia; no entretanto ela cantava pedaços de antigas trovas, como quem não formava ideia do perigo, ou como criatura nascida e criada naquele elemento. Mas isto não podia durar muito; os vestidos afinal ensopados arrancaram a infeliz ao seu melodioso canto, deram-lhe morte no lodo.

LAERTES

— Ah! Então afogou-se?

RAINHA

— Afogou-se!

LAERTES

— Já tens água demais, pobre Ofélia; quero pois conter as lágrimas. Mas é sestro nosso: a natureza conserva os seus hábitos, diga a vergonha o que quiser. Enxutas estas lágrimas, não ficará em mim nada feminil. Adeus, senhor! Tenho palavras de fogo, que haviam de arder em chamas, se esta dor insensata não as afogasse!

(*Sai.*)

REI

— Sigamo-lo, Gertrudes. Quanto me custou a aplacar-lhe a ira! Receio que isto venha acendê-la de novo! Portanto sigamo-lo!

(*Saem.*)

❖

Notas do Ato IV

[1] Hanmer explicou esta frase do seguinte modo: "Os macacos, quando comem, guardam dentro da boca os primeiros pedaços de alimento e só os engolem no fim de tudo".

[2] Guizot diz que a expressão é tirada do salmo CXLIV, onde se lê, segundo a tradução inglesa: "O homem é uma coisa de nada".

[3] É um jogo de crianças que se chama *hide fox, and all after* e que é semelhante ao nosso *jogo das escondidas*.

[4] *Worms*, escreveu Shakespeare. Foi na cidade de Worms que os imperadores da Alemanha reuniram as mais célebres dietas. Vê-se, portanto, que Hamlet neste gracejo envolve o imperador, a dieta e os vermes.

[5] *To fust in us unus'd*.
Guizot e Francisco Hugo traduziram *to fust* por *moisir*.
Diogo de Paiva de Andrade escreveu: "Entendimentos que, se não exercitam, *tomam bolor*". Adotamos a expressão por ser quase tradução literal da frase de Shakespeare.

[6] É locução portuguesíssima que significa: *por coisa de nenhuma substância ou momento*. Encontra-se a cada passo em bons autores, como Jorge Ferreira de Vasconcellos e outros, e é pelo menos tão fiel como a tradução de Francisco Hugo: *trouver une querelle dans un brin de paille*.

[7] Conta uma legenda de Gloucestershire que Nosso Senhor Jesus Cristo entrou um dia na casa de um padeiro, que tinha uma fornada a cozer, e pediu um pedaço de pão. A mulher do padeiro meteu logo no forno um bocado de massa; porém a filha começou a ralhar dizendo que era muito grande e tirou-lhe mais da metade. Apenas entrou no forno, a massa principiou a crescer e tornou-se um pão enorme. Vendo isto, a rapariga desatou a gritar:

"hê! hê! hê!", o que deu a Jesus Cristo a ideia de a transformar em coruja para castigo da sua avareza.

[8] A festa de São Valentim é a 14 de fevereiro. Em alguns condados ingleses toda rapariga devia aceitar por namorado o primeiro rapaz que visse na manhã daquele dia, e vice-versa. Em outros condados metiam-se numa urna pequenos papéis com os nomes dos rapazes, e as raparigas tiravam a sorte uma por uma. Aquele, cujo nome saía, ficava sendo o Valentim daquela que tirava a sorte, e ela a sua Valentina.

Costumes idênticos se observam entre nós pelas festas de Santo Antônio, São João e São Pedro.

[9] O verso inglês é: *By Gis, and by Saint Charity.*

Gis é corruptela de Jesus e deriva das letras J. H. S. com que se escrevia o nome do Senhor nos altares, nas capas dos livros, etc. *Santa Caridade* não é a virtude teologal; mas uma santa invocada frequentemente na antiga poesia inglesa e que tem lugar no martirológio no dia 1°. de agosto, por ter padecido o martírio em Roma, juntamente com duas outras virgens chamadas Fé e Esperança, no tempo do imperador Adriano.

[10] Traduzimos assim baseando-nos na seguinte interpretação do dr. Johnson: "O amor (diz Laertes) é a paixão que mais sutiliza e requinta a natureza; e assim como as substâncias requintadas e sutilizadas obedecem facilmente a qualquer impulso ou seguem qualquer atração, também qualquer parte da natureza sutilizada e requintada pelo amor voa em seguimento do objeto amado".

[11] No *Primeiro Hamlet*, escreveu Shakespeare a seguinte rubrica: "Ofélia entra com os cabelos esparsos, tocando cítara e cantando". É de supor que cantasse o estribilho *Abaixo, abaixo*, cuja explicação o dr. Johnson confessa ignorar.

[12] O rosmaninho, segundo afirmavam os médicos árabes, tinha a propriedade de fortalecer o cérebro e a memória. Era o emblema da fidelidade, porque está sempre verde, e por isso trazia-se sempre nas bodas e nos funerais. Os amores perfeitos eram a flor do pensamento por causa do seu nome *Pansies*, de *Pensées*.

[13] Funcho era o símbolo da lisonja e da dissimulação. A papoula a flor do esquecimento.

[14] A arruda era o emblema da tristeza, porque — diz Steevens — *rue* (arruda) *significava antigamente o mesmo que ruth* (tristeza). Chamava-se *a erva santa dos domingos*, porque os padres católicos deitavam arruda na bebida que davam aos possessos, quando os exorcizavam, e os exorcismos tinham lugar aos domingos.

[15] O malmequer, segundo a opinião de Greene, servia para aconselhar às donzelas que não acreditassem nas promessas dos rapazes.

[16] Há aqui uma delicadeza de sentimento que é na realidade extraordinária. A violeta era a flor da fidelidade; mas Ofélia supõe que murcharam todas com a morte de seu pai.

[17] É um verso duma canção antiga.

[18] O original diz *I must common*. Temos em português o verbo *comunicar* nesta acepção de participar, associar-se: Os santos *comunicam* nas boas obras. *Comunicar* no prazer, na dor, etc.

Não o empregamos porque *associar-se* dá a mesma ideia e é hoje mais vulgar.

[19] *Unvorthiest siege*, que se lê na tragédia, é o mesmo que *of the lowest rank*, segundo um comentador. Por isso traduzimos *de ínfima ordem*.

[20] Metáfora derivada do ensaio ou experiência das armas de fogo, que muitas vezes arrebentam na prova.

❖

Ato V

CENA PRIMEIRA

Um cemitério.

(Entram dois Rústicos com enxadas.)

PRIMEIRO RÚSTICO

— Deve enterrar-se em sagrado aquela que, por sua vontade, busca a própria salvação?

SEGUNDO RÚSTICO

— Eu digo que sim; portanto faze-lhe já a cova. O oficial de justiça informou-se e decidiu que se enterrasse em sagrado.

PRIMEIRO RÚSTICO

— Como pode ser isso, uma vez que ela se não afogou em defesa própria?

SEGUNDO RÚSTICO

— Então! decidiram eles que sim.

PRIMEIRO RÚSTICO

— Não há que ver; afogou-se porque muito bem quis[1]; não pode ser de outro modo. A coisa é esta: Se eu me afogo de caso pensado, isso denota uma ação; ora uma ação consta de três partes[2], a saber: operar, fazer e executar. *Argal**, afogou-se de caso pensado.

SEGUNDO RÚSTICO

— Pois sim; mas ouve, compadre.

PRIMEIRO RÚSTICO

— Dá licença. Aqui está a água; bom. Ali está o homem; bom. Se o homem vai para a água e se afoga — queira ou não queira — afoga-se porque vai para lá; nota bem isto. Mas se a água vem para o homem e o afoga, não é o homem que se afoga a si mesmo. *Argal*, aquele que não tem culpa da sua própria morte, não encurta a própria vida.

SEGUNDO RÚSTICO

— Mas essa é a lei?

PRIMEIRO RÚSTICO

— Decerto que é; é a lei do oficial de justiça.

SEGUNDO RÚSTICO

— Queres saber a verdade? Se não fosse uma senhora nobre, não lhe davam sepultura em sagrado.

PRIMEIRO RÚSTICO

— É como dizes; e o que dói é que neste mundo o direito de cada um se afogar ou enforcar pertença mais aos grandes do que aos pobrezinhos de Cristo. Vem daí, minha enxada. Não há nobreza tão antiga como a dos jardineiros, cavadores e coveiros; continuam o ofício do pai Adão.

SEGUNDO RÚSTICO

— Adão era nobre?

PRIMEIRO RÚSTICO

— Foi quem primeiro trouxe armas[3].

SEGUNDO RÚSTICO

— Qual! Adão nunca teve armas.

PRIMEIRO RÚSTICO

— O quê? Tu és pagão? Como compreendes tu a Escritura? A Escritura diz: "Adão cavava"; ora, como havia de ele cavar sem armas? Outra pergunta; se me não responderes claramente, hás de confessar que és...

SEGUNDO RÚSTICO

— Vá lá, dize.

PRIMEIRO RÚSTICO
— Quem é aquele que faz construções mais sólidas do que o pedreiro, o carpinteiro e o calafate?

SEGUNDO RÚSTICO
— O que faz forcas; porque essa construção sobrevive a mil inquilinos.

PRIMEIRO RÚSTICO
— Gosto da tua esperteza, palavra de honra! A forca é boa. Mas boa como? Faz bem aos que fazem mal. Ora tu, dizendo que a forca é uma construção mais sólida do que a igreja, fazes mal; *argal*, a forca devia fazer-te bem. Vamos, vê se respondes.

SEGUNDO RÚSTICO
— Quem é aquele que faz construções mais sólidas do que o pedreiro, o carpinteiro e o calafate?

PRIMEIRO RÚSTICO
— Sim; dize e livra-te desse peso.

SEGUNDO RÚSTICO
— Ah! agora já sei.

PRIMEIRO RÚSTICO
— Dize lá!

SEGUNDO RÚSTICO
— Pela santa missa! Não sei.

(*Entram Hamlet e Horácio, e ficam a distância.*)

PRIMEIRO RÚSTICO
— Não quebres mais a cabeça; um burro, quando é ronceiro, não muda de passo por mais que lhe batam. Quando te fizerem outra vez esta pergunta, responde: o coveiro. As casas que ele faz duram até o dia de juízo. Anda, vai à casa de Youghan e traze-me uma pinga de aguardente.

(*Sai o segundo Rústico; o primeiro começa a cavar e a cantar.*)

Eu amei na juventude
Amei e achei que era doce;
Porém tudo quanto fosse
Casar, pareceu-me rude[4].

HAMLET
— Este homem não terá o sentimento do que está fazendo? Canta abrindo uma cova.

HORÁCIO
— O costume familiarizou-o com o ofício.

HAMLET
— Efetivamente assim é; a mão que trabalha pouco, tem o tato mais apurado.

PRIMEIRO RÚSTICO *(Cantando.)*
O tempo e o destino juntos
Vieram depois, e atrozes
Bradaram-me em altas vozes:
Vai viver entre defuntos.

(*Desenterra uma caveira.*)

HAMLET
— Aquela caveira teve outrora uma língua e podia cantar; e este patife atira-a para o chão como se fosse a queixada de Caim, que cometeu o primeiro homicídio! O crânio, que esse asno trata agora com tão pouco respeito, bem pode ter sido a cabeça de um político, dum homem que julgava embair o próprio Deus. Não é possível?

HORÁCIO
— Muito possível senhor.

HAMLET
— Ou a cabeça dum cortesão que sabia dizer: "Bons dias, gracioso senhor! Como ides, meu bom senhor?" É talvez o sr. Fulano, que elogiava o cavalo do sr. Beltrano, quando lho queria apanhar. Não pode ser?

HORÁCIO
Sim, meu senhor.

HAMLET
— Pode sim, não há dúvida. E agora, desqueixado e desnarigado pela enxada de um coveiro, esse crânio pertence à sra. Bicharia. Formosa transformação seria esta, se porventura soubéssemos observá-la. Estes ossos custaram tão pouco a sustentar, que devam servir para jogar a bola? Os meus doem-me quando penso em tal.

PRIMEIRO RÚSTICO *(Cantando.)*
Pá, enxada, picareta,
Branco lençol desdobrado,
Uma cova, em que se meta...
E o morto fica hospedado.

(*Atira outra caveira.*)

HAMLET
— Outra caveira! Quem sabe se teria sido o crânio de um advogado? Onde estão as suas argúcias, as suas sutilezas, os seus casos, os seus pleitos, as suas tricas? Por que demônio consente ele agora que o maroto deste labrego lhe bata na cabeça com uma pá enlameada e não intenta uma ação por ofensas corporais? Hum! Este sujeito foi talvez nos seus tempos um grande comprador de terras com as suas hipotecas, as suas obrigações, as suas multas, as suas duplas garantias, as suas cobranças. E a isto se reduziu a multa das suas multas, a cobrança das suas cobranças? ter a bela cabeça cheia de lama? Pois as suas garantias, apesar de duplicadas, não lhe hão de assegurar de todas as suas compras mais do que um espaço do comprimento e largura de dois contratos? Os títulos de transmissão das suas terras mal poderiam caber dentro desta caixa; e é preciso que o proprietário não tenha mais? Hein?

HORÁCIO
— Nem mais uma linha, senhor.

HAMLET
— O pergaminho não é feito de pele de carneiro?

HORÁCIO
— Sim, meu senhor; e também de pele de bezerro.

HAMLET
— Pois aqueles que procuram garantias no pergaminho são carneiros e bezerros. Vou falar com este sujeito. De quem é esta cova, homem?

PRIMEIRO RÚSTICO
— É minha, senhor.
(*Canta.*)

Uma cova em que se meta...
E o morto fica hospedado.

HAMLET
— Efetivamente creio que é tua, porque estás aí dentro.

PRIMEIRO RÚSTICO
— Vós estais fora, por consequência não é vossa. Por minha parte, não estou enterrado nela e, contudo, é minha.

HAMLET
— Mentes, estando dentro dela e dizendo que é tua[5]; a cova é para um morto, não para um vivo; portanto mentes.

PRIMEIRO RÚSTICO
— É um desmentido vivo, senhor; passa outra vez de mim para vós.

HAMLET
— Para que homem estás tu abrindo essa sepultura?

PRIMEIRO RÚSTICO
— Não é para homem, senhor.

HAMLET
— Então, para que mulher?

PRIMEIRO RÚSTICO
— Também não é para mulher.

HAMLET

— Quem vai ser enterrado aí?

PRIMEIRO RÚSTICO

— Alguém, que foi mulher; porém — Deus lhe fale na alma! — já morreu.

HAMLET

— Como é rigoroso este maroto! É preciso tomar conta quando se lhe fala, porque senão atormenta-nos com equívocos. Por Deus, Horácio! O século tornou-se tão pontiagudo[6], que o bico do pé do camponês chega a tocar os calcanhares do cortesão a ponto de ferir-lhe as frieiras. Há quanto tempo és coveiro?

PRIMEIRO RÚSTICO

— Dentre todos os dias do ano, escolhi para começar o ofício o dia em que o nosso defunto rei Hamlet venceu a Fortimbrás.

HAMLET

— Quanto tempo haverá?

PRIMEIRO RÚSTICO

— Não o podeis dizer? Qualquer tolo sabe isso. Foi no mesmo dia em que nasceu o jovem Hamlet... aquele que está doido e que mandaram para Inglaterra.

HAMLET

— Ah, sim! E por que motivo o mandaram para Inglaterra?

PRIMEIRO RÚSTICO

— Por que motivo? Porque está doido; lá pode recuperar o juízo; também se não recuperar, é coisa que pouco monta naquele país.

HAMLET

— Por quê?

PRIMEIRO RÚSTICO

— Não se torna reparado; lá é tudo tão doido como ele.

HAMLET
— Como endoideceu Hamlet?

PRIMEIRO RÚSTICO
— Dizem que dum modo muito extraordinário.

HAMLET
— Extraordinário? como?

PRIMEIRO RÚSTICO
— Perdendo o juízo.

HAMLET
— E o que deu lugar...

PRIMEIRO RÚSTICO
— Em que lugar? Aqui, na Dinamarca. Há trinta anos que sou coveiro aqui.

HAMLET
— Quanto tempo poderá estar enterrado um homem sem se corromper?

PRIMEIRO RÚSTICO
— Se já não estiver corrompido antes de morrer (hoje em dia temos muitos cadáveres cheios de venéreo que mal podem suportar o enterramento) dura aí... oito ou nove anos. Um curtidor dura nove anos.

HAMLET
— Por que dura esse mais do que os outros?

PRIMEIRO RÚSTICO
— Ora, senhor! Porque tem a pele tão curtida pelo ofício que resiste muito tempo à água; e a água é o inimigo mais terrível dum diabo dum defunto[7]. Eis aqui uma caveira, que esteve enterrada vinte e três anos.

HAMLET
— De quem era?

PRIMEIRO RÚSTICO
— Dum estupor dum doido! De quem pensais que era?

HAMLET
— Não sei, homem.

PRIMEIRO RÚSTICO
— Diabo de maluco! Raios o partam! Uma vez despejou-me na cabeça um frasco de vinho do Reno! Esta mesma caveira, senhor, era a caveira de Yorick, bobo do rei.

HAMLET (*Pegando na caveira.*)
— Esta?

PRIMEIRO RÚSTICO
— Esta mesma.

HAMLET
— Ah! pobre Yorick! Conheci-o, Horácio. Era um rapaz de infinita graça, da mais excelente imaginação. Andou mil vezes comigo às costas, e agora enche-me de horror, faz-me náuseas. Daqui pendiam os lábios, que beijei não sei quantas vezes! Que é feito das tuas facécias? das tuas cabriolas? das tuas canções? dos teus lampejos de alegria, que faziam estrugir na mesa as gargalhadas? Não te resta um só para zombares da tua própria carantonha? Não tens boca? Não tens língua? Vai ao toucador dalguma dama e dize-lhe que, embora ponha uma polegada de pintura, há de tornar-se neste lindo estado. Anda, provoca-lhe o riso com esta ideia... Horácio, peço-te que me digas uma coisa.

HORÁCIO
— O que é, meu senhor?

HAMLET
— Julgas que Alexandre era deste feitio debaixo da terra?

HORÁCIO
— Sem tirar nem pôr.

HAMLET

— E que cheirava assim? Puh!

(*Atira a caveira.*)

HORÁCIO

— Exatamente assim, meu senhor.

HAMLET

— A que abjetos serviços podemos ser aviltados, Horácio! Por que não será dado à imaginação ir na pista das nobres cinzas de Alexandre, até encontrá-las tapando o batoque dum tonel?

HORÁCIO

— Examinar assim as coisas fora um exame demasiadamente forçado.

HAMLET

— Não, por minha fé; nem por sombras. Podemos segui-lo até esse ponto com bastante moderação, e guiar-nos pelo que for verossímil. Por exemplo: Alexandre morreu; Alexandre foi enterrado; Alexandre tornou-se em pó; o pó em terra; com a terra fazemos barro; e por que razão com o barro, em que foi tornado Alexandre, se não poderia tapar um barril de cerveja? O imperial César, morto, convertido em barro, pode calafetar uma fresta e impedir a passagem do vento. Oh! aquele punhado de terra, que enfreava o mundo apavorado, servir hoje para remendar um muro e repelir as lufadas do inverno! Mas silêncio! silêncio! Retiremo-nos! Aí vem o rei.

(*Entram Sacerdotes em procissão; vem depois o corpo de Ofélia, seguido de Laertes e Carpideiras, depois o Rei, a Rainha e séquito.*)

A rainha! Os cortesãos! Quem virão eles acompanhar? E com um ritual tão mutilado? Quer dizer que o cadáver que conduzem destruiu a própria vida com mão desesperada. Era pessoa de elevada condição. Escondamo-nos um instante e observemos.

(*Retira-se com Horácio.*)

LAERTES

— Que cerimônia falta ainda?

HAMLET

— É Laertes, mancebo muito nobre. Atenção!

LAERTES
— Que cerimônia falta?

PADRE
— As exéquias foram celebradas com toda a largueza que estava em nossas mãos. Suscitaram-se dúvidas sobre a morte desta senhora, e se uma ordem superior não tivesse despoticamente dominado a lei, ela teria sido alojada em terra profana até que soasse a trombeta final. Em vez de orações caridosas ter-se-ia lançado sobre o corpo saibro, cascalho e pedras; e todavia concederam-se-lhe as coroas de virgem, as flores de donzela, o dobre de sinos e a sepultura em sagrado.

LAERTES
Não há mais nada a fazer?

PADRE
— Nada mais. Seria profanar o rito fúnebre cantar um réquiem, implorando para ela o mesmo descanso reservado às almas que se partem do mundo em paz.

LAERTES
— Deponde-a na terra, e brotem violetas das suas carnes belas, impolutas. Uma coisa te digo, estúpido sacerdote: minha irmã será no céu um anjo ministrante, quando tu estiveres uivando no abismo.

HAMLET
— O quê? A formosa Ofélia?

RAINHA (*Espargindo flores sobre o cadáver.*)
— Flores para a flor! Adeus! Doce virgem, alimentei a esperança de que fosses mulher do meu Hamlet; cuidei que ornaria de flores o teu leito de noiva, nunca pensei espargi-las no teu túmulo.

LAERTES
— Oh! Uma tríplice desgraça caia dez vezes triplicada sobre a maldita cabeça, cujo delito cruel te privou da tua gentilíssima razão! Esperai um instante; não lanceis terra sobre o corpo, enquanto eu não o estreitar nos meus braços ainda mais uma vez.
(*Laertes salta para dentro da cova.*)
Agora amontoai o vosso pó sobre a morta e o vivo, até que desta

planície tenhais feito um monte, que sobreleve o Pélion ou o celeste píncaro do Olimpo azul.

HAMLET (*Avançando.*)
— Quem é o homem cuja dor se traduz com tanta ênfase? Cuja frase magoada conjura as estrelas errantes e obriga-as a parar, como ouvintes feridos de assombro? Aquele que disseste maldito e chamaste miserável, sou eu, Hamlet, o Dinamarquês!
(*Salta para dentro da cova.*)

LAERTES (*Arremetendo contra ele.*)
— O diabo se apodere da tua alma!

HAMLET
— Imprecaste um mal. Tira os dedos da minha garganta, peço-te. Ainda que eu não seja assomado nem violento, tenho comigo alguma coisa de perigoso, que a tua prudência deve temer. Tira as mãos.

REI
— Separai-os!

RAINHA
— Hamlet! Hamlet!

TODOS
— Senhores!

HORÁCIO
— Meu bom senhor, tranquilizai-vos!

(*Hamlet e Laertes são separados por alguns do séquito, e saem da cova.*)

HAMLET
— Sim, hei de lutar com ele por esta causa até que as minhas pálpebras deixem de mover-se.

RAINHA
— Oh! meu filho! Por esta causa? qual causa?

HAMLET
— Eu amava Ofélia. Quarenta mil irmãos com toda a quantidade do seu amor não eram capazes de perfazer a minha soma. Que queres tu fazer por ela?

REI
— Está doido, Laertes.

RAINHA
— Deixai-o, pelo amor de Deus!

HAMLET
— Vamos lá, dize: o que queres fazer? Queres chorar? combater? matar-te à fome? cortar-te em pedaços? beber vinagre[8]? comer um crocodilo? Pois eu farei tudo isso. Vieste aqui choramingar? afrontar-me saltando para a sua cova? Sê enterrado vivo com ela; eu farei outro tanto. E visto que palras de montanhas, arrojem sobre nós milhões de jeiras, até que o nosso globo, indo chamuscar a cabeça na zona tórrida, faça parecer o Monte Ossa do tamanho de uma verruga! Com os demônios! Se bradas em altas vozes, hei de vociferar tão bem como tu.

RAINHA
— Isto é pura doidice! E o acesso há de agitá-lo assim por algum tempo; depois ficará silencioso, abatido, tão manso como a pomba, quando saem da casca os gêmeos de penugem dourada[9].

HAMLET
— Escutai, senhor. Por que razão me tratais assim? Fui sempre vosso amigo... mas isso não importa! Embora o próprio Hércules faça tudo o que puder, o gato há de miar, e o cão terá o seu dia.
(*Sai.*)

REI
— Peço-te que o acompanhes, bom Horácio.

(*Sai Horácio.*)

REI (*A Laertes:*)
— Fortalece a tua paciência com a nossa conversação de on-

tem à noite. Vamos já pôr este negócio a caminho. Boa Gertrudes, mandai vigiar o vosso filho. (*À parte*.) Esta sepultura precisa de um monumento vivo. Breve chegará para nós uma hora de repouso. Até lá procedamos com paciência.

(*Saem*.)

CENA II

Uma sala no palácio.

(Entram Hamlet e Horácio.)

HAMLET

— Basta deste assunto; vejamos agora o outro. Lembras-te de todas as circunstâncias?

HORÁCIO

— Lembro-me, senhor.

HAMLET

— Havia no meu coração uma espécie de combate que me não deixava dormir. Parecia-me estar pior do que os marinheiros desobedientes ferrolhados em cadeias[10]. Precipitadamente — e abençoada precipitação!... É bom saber que a imprudência às vezes serve-nos bastante, quando falham os cálculos mais profundos; e isto deve ensinar-nos que há uma divindade que dá forma aos nossos destinos, qualquer que seja a rudeza com que os tenhamos bosquejado.

HORÁCIO

— É certíssimo.

HAMLET

— Precipitadamente saio do beliche, embuçado na minha manta de marinheiro e, às escuras, vou procurando pelo tato; consigo o meu desejo, lanço mão do rolo e torno a ir para o meu quarto. Como o susto põe em esquecimento a educação, tenho a audácia de abrir a mensagem soberana, e nela, Horácio, descubro uma régia malvadez, uma ordem terminante, lardeada de todo gênero de razões que importam à salvação da Dinamarca e da Inglaterra — ah! ah! evocando papões e lobisomens se eu escapasse! —, uma ordem para que, lido o despacho, sem demora alguma — não! sem mesmo dar tempo de afiar o cutelo — me cortassem a cabeça.

HORÁCIO
— É possível?

HAMLET
— Aqui tens a ordem; lê-a com mais vagar. Queres saber agora o que fiz?

HORÁCIO
— Contai, peço-vos.

HAMLET
— Enredado em traições (primeiro que eu pudesse delinear um prólogo no meu cérebro, já ele tinha começado a peça) sento-me, invento uma nova mensagem e escrevo-a com ótima caligrafia. Eu, antigamente, à semelhança dos nossos estadistas, reputava uma baixeza ter bom talho de letra e diligenceei muito esquecer essa habilidade; mas, meu amigo, naquele ensejo prestou-me um serviço eminente. Queres saber o teor do que escrevi?

HORÁCIO
— Sim, meu bom senhor.

HAMLET
— Um instante pedido do rei — considerando que a Inglaterra era sua fiel tributária; fazendo votos para que a amizade florescesse como uma palmeira entre ambas as nações, e a paz continuasse a cingir a sua coroa de espigas e servisse de apertado nó às boas relações dos dois países; e muitas outras coisas semelhantes que davam carga bastante para um burro —, um pedido, repito, para que visto e entendido o conteúdo daquele despacho, fossem logo, logo, mortos os seus portadores, sem consulta prévia, sem exame breve ou longo, sem lhes ser dado sequer tempo de se confessarem.

HORÁCIO
— E como foi selado o despacho?

HAMLET

— Até nisso foi providente o céu. Eu tinha na bolsa o selo de meu pai, que servira de modelo ao da Dinamarca. Dobrei o escrito como o outro, enderecei-o, selei-o, coloquei-o cautamente no seu lugar, e nunca se percebeu a substituição. No outro dia foi a batalha naval, e já sabes o que se seguiu.

HORÁCIO

— De maneira que Rosencrantz e Guildenstern vão entregar o despacho.

HAMLET

— Então, homem! Eles requestaram essa comissão; e por isso não me remorde a consciência. A sua ruína provém do importuno desejo de se ingerirem neste negócio. Para pessoas de condição mais baixa é arriscado meterem-se, durante o duelo, entre as espadas iracundas e cruéis de adversários poderosos.

HORÁCIO

— Oh! Que rei este nosso!

HAMLET

— Não te parece que me corre agora alguma obrigação? Um homem, que matou meu pai, fez de minha mãe uma rameira, interpôs-se à eleição do povo e às minhas esperanças, lançou — e com que aleivosia! — o arpéu à minha própria vida, não é ato de boa consciência dar-lhe o pago com este braço? Não é merecer a condenação eterna deixar que esse cancro da nossa vida continue a alastrar e corroer?

HORÁCIO

— Dentro em pouco deve ele saber de Inglaterra o êxito do negócio.

HAMLET

— Não tardará muito; o intervalo é meu, e a vida dum homem não é mais do que o tempo de dizer *um*. Mas penaliza-me, bom Horácio, ter-me esquecido de quem sou, ofendendo Laertes, porque na imagem da minha causa vejo o retrato da sua. Quero ganhar-lhe a amizade, mas a jactância da sua dor arrebatou-me àquela paixão vertiginosa.

HORÁCIO
— Silêncio! Quem vem aí?

(*Entra Osric.*)

OSRIC
— Dou a Vossa Alteza os emboras pelo seu feliz regresso à Dinamarca[11].

HAMLET
— Agradeço-vos humildemente, senhor.
(*A Horácio*:)
Conheces este mosquito?

HORÁCIO
— Não, meu bom senhor.

HAMLET
— Pois dá graças a Deus; é um pecado conhecê-lo. Possui muitas terras e férteis. Em uma besta sendo senhor de bestas tem logo mangedoura à mesa do rei. Isto é uma pega; mas, como te disse, possui vastas propriedades de lama.

OSRIC
— Gracioso senhor, se Vossa Alteza tivesse lazer, ser-me-ia grato fazer-lhe uma comunicação da parte de Sua Majestade.

HAMLET
— Ouvi-la-ei com toda a atenção. Dai ao vosso chapéu o uso que lhe é próprio; foi feito para estar na cabeça.

OSRIC
— Obrigado a Vossa Alteza; faz muito calor.

HAMLET
— Podeis crer que não; faz muito frio; o vento está norte.

OSRIC
— Efetivamente, meu senhor, faz bastante frio.

HAMLET

— E todavia parece-me que está um calor sufocante; ou o meu temperamento...

OSRIC

— Um calor excessivo, sufocante, como se disséssemos... nem eu sei o quê. Senhor, Sua Majestade incumbiu-me de significar-vos que fez uma grande aposta a vosso favor. Eis o de que se trata:

HAMLET (*Fazendo sinal para que ponha o chapéu.*)

— Peço que vos lembreis...

OSRIC

— Oh! meu bom senhor! Por minha fé, estou assim mais comodamente. Senhor, temos um recém-chegado à corte; é Laertes. Acreditai no que vos digo: é um perfeito cavalheiro, cheio das mais excelentes qualidades, do mais fino trato e de uma presença encantadora. Para falar com a devida justiça, é o calendário, a cartilha da galanteria[12], porque nele encontrareis o compêndio de todos os predicados que um cavalheiro possa contemplar e imitar.

HAMLET

— Senhor, a enumeração das suas prendas não perde na vossa boca; e contudo sei que fazer o inventário delas seria atordoar a aritmética da memória, sem conseguir mais do que dar guinadas em comparação com a sua marcha veloz. Porém, mantendo-me nos limites verdadeiros do elogio, tenho-o por um espírito de grande alcance; e o conjunto das suas qualidades é por tal forma raro e valioso, que pode dizer-se dele com verdade, que o seu igual está só no seu espelho; todo aquele que pretender seguir-lhe os passos, será a sua sombra, nada mais.

OSRIC

— Vossa Alteza fala com muita infalibilidade a respeito dele.

HAMLET

— A que propósito vem isto, senhor? Por que estamos nós rebuçando esse cavalheiro na rudeza da nossa frase?

OSRIC
— Senhor.

HORÁCIO
— Não haveria meio de nos entendermos noutra língua? Por certo que o podeis fazer, senhor.

HAMLET
— Que importa à questão citar o nome desse cavalheiro?

OSRIC
— De Laertes?

HORÁCIO
— Já tem a bolsa vazia; gastou todas as palavras douradas.

HAMLET
— Sim, dele.

OSRIC
— Sei que não sois ignorante...

HAMLET
— Oxalá que o soubésseis com certeza; posto que, se o soubésseis, não provaria muito em meu abono. Então, senhor?...

OSRIC
— Não sois ignorante de qual seja a superioridade de Laertes...

HAMLET
— Não me atrevo a confessá-lo por medo de comparar-me com ele na tal superioridade, pois conhecer bem um homem é conhecer-se a si mesmo.

OSRIC
— Refiro-me, senhor, à sua destreza no jogo das armas; segundo o juízo que dele forma toda a gente não tem rival no gênero.

HAMLET
— Qual é a sua arma?

OSRIC
— Espada e adaga.

HAMLET
— São duas armas; porém, vamos.

OSRIC
— O rei apostou seis cavalos da Barbária, contra os quais — segundo ouço — Laertes empenhou seis espadas francesas e punhais com os seus pertences — boldriés, talabartes e o resto. É na verdade um gosto ver três desses trens[13]; dizem perfeitamente com os punhais, são delicadíssimos e da mais engenhosa invenção.

HAMLET
— A que chamais *trens*?

HORÁCIO (*A Hamlet*:)
— Eu já sabia que antes de chegar ao fim havíeis de recorrer às notas marginais[14].

OSRIC
— *Trens* são os aparelhos de que pendem as espadas.

HAMLET
— O termo seria mais próprio, se trouxéssemos ao lado uma peça de artilheria; enquanto não trazemos, contentemo-nos em chamar-lhes *talabartes*. Mas, continuai. Seis cavalos da Barbária contra seis espadas francesas, seus pertences e três talabartes de primorosa invenção, eis a aposta do francês contra o dinamarquês. E por que empenharam tudo isso?

OSRIC
— O rei apostou que em doze botes não seríeis tocado por Laertes mais de três vezes; Laertes apostou que em doze botes vos tocaria nove vezes. A questão seria resolvida imediatamente, se Vossa Alteza quisesse dignar-se responder-me.

HAMLET
— Como? E se eu responder *não*?

OSRIC

— Quero dizer: se vos dignásseis expor o vosso corpo à experiência.

HAMLET

— Senhor, eu vou passear aqui na sala. Sendo do agrado de Sua Majestade, como esta é a hora em que costumo distrair-me, tragam para aqui os floretes. Se esse cavalheiro quiser, e o rei mantiver o seu propósito, farei o possível para que ele ganhe a aposta; se não, ganharei apenas a vergonha e os botes, em que for tocado.

OSRIC

— São esses os termos em que hei de dar a vossa resposta?

HAMLET

— Neste sentido, senhor, com todas as flores que o vosso talento sugerir.

OSRIC

— Recomendo a minha dedicação a Vossa Alteza.

HAMLET

— Todo vosso, todo vosso. Faz bem em recomendar-se a si mesmo; nenhuma outra língua se encarregaria de tal.

HORÁCIO

— Parece um pavoncino que fugiu com a casca pegada à cabeça.

HAMLET

— Fez cumprimentos à teta da ama antes de mamar. São assim ele e muitos outros que eu conheço, da mesma laia, adorados por este século superficial. Limitam-se a apanhar o tom da moda e os hábitos exteriores da sociedade: é uma espécie de coleção de ocas parvoíces que os elevam na opinião dos espíritos mais escolhidos e sensatos; mas, para os experimentar, basta assoprar-lhes em cima; arrebentam logo as bolhas[15].

(*Entra um Senhor.*)

SENHOR

— Meu senhor, Sua Majestade mandou saudar-vos por intervenção do jovem Osric, o qual voltou dizendo-lhe que o esperáveis nesta sala. Agora envia-me a saber se é da vossa vontade começar o combate com Laertes ou se quereis que seja adiado.

HAMLET

— Sou constante em meus propósitos, e esses estão subordinados à vontade do rei. Se lhe convém esta ocasião, estou pronto; agora ou quando quiser, uma vez que eu esteja tão bem-disposto como agora.

SENHOR

— O rei, a rainha e toda a corte vêm já!

HAMLET

— Em boa hora venham.

SENHOR

— A rainha deseja que tenhais com Laertes uma conversação amigável antes de principiar a luta.

HAMLET

— É um ótimo conselho.

(*Sai o Senhor*.)

HORÁCIO

— Ides perder a aposta, meu senhor.

HAMLET

— Não me parece. Desde que ele foi para França, tenho-me exercitado continuamente; com o partido que me dá, hei de ganhar. Mas não podes fazer ideia do mal que sinto aqui, do lado do coração. Não importa!

HORÁCIO

— Contudo, meu bom senhor...

HAMLET

— Não passa duma tolice; uma espécie de pressentimento que aterraria talvez uma mulher.

HORÁCIO

— Se ao vosso espírito repugna alguma coisa, obedecei-lhe; antecipar-me-ei à chegada do rei e da corte, e dir-lhes-ei que não estais bem-disposto.

HAMLET

— De modo nenhum; eu rio-me dos agouros. Até na morte de um pássaro intervém uma providência especial[16]. Se tem de ser agora, não está para vir; se não está para vir; há de ser agora. Se não for agora, alguma vez há de ser. A questão toda é estar preparado. Se nenhum homem sabe o que deixa, que importa deixá-lo cedo[17]?

(*Entram Rei, Rainha, Laertes, Senhores da corte, Osric e Criados com as armas.*)

REI

— Vem, Hamlet, vem, e recebe de mim esta mão.
(*Põe a mão de Laertes na de Hamlet.*)

HAMLET

— Perdoai-me, senhor. Injuriei-vos; mas perdoai-me como cavalheiro, que sois. Sabem os presentes e deveis também ter ouvido que sou torturado por um cruel desvario da razão. Quanto eu haja praticado, que possa exasperar o vosso coração, a vossa honra e austeridade, aqui proclamo que foi loucura. Foi Hamlet quem ofendeu Laertes? Hamlet, nunca. Se Hamlet for arrebatado de si mesmo, e, deixando de ser quem é, fizer ofensa a Laertes, não é Hamlet quem pratica a ação, Hamlet nega-a. Quem fez então a injúria? A sua loucura; e sendo assim, Hamlet é do partido que recebeu o agravo, e o inimigo do pobre Hamlet é a sua própria loucura. Senhor, em vista da negação que acabo de fazer perante este auditório, de qualquer intenção má, permiti que eu seja absolvido no vosso generoso pensamento, como se, disparando uma flecha por cima da casa, eu tivesse ferido meu irmão.

LAERTES

— O meu coração, cujo impulso poderia neste caso excitar-me à vingança, está plenamente satisfeito; porém, nos termos da honra, conservo-me afastado e não quero reconciliação alguma, sem que juízes mais velhos e de reconhecido pundonor deem o voto, e estipulem os precedentes de paz que mantenham o meu nome sem mancha. Até lá recebo como amizade a oferta da vossa amizade e não lhe trarei dano aleivoso.

HAMLET

— Aceito de bom grado a segurança que me dais e quero entrar lealmente nesta justa fraternal. Dai-nos os floretes. Vamos.

LAERTES

— Vamos. Um para mim.

HAMLET

— Serei o vosso alvo, Laertes[18]; ao pé da minha ignorância a vossa destreza há de reluzir como estrela em noite escura.

LAERTES

— Zombais de mim, senhor.

HAMLET

— Não zombo, por esta mão.

REI

— Dai-lhes os floretes, jovem Osric. Sabes qual é a aposta, Hamlet?

HAMLET

— Perfeitamente, senhor. Vossa Majestade apostou demais pelo mais fraco.

REI

— Nada receio; tenho-os visto a ambos; mas como ele se tem aperfeiçoado, exigimos um partido.

LAERTES (*Examinando o florete.*)

— Este é muito pesado; deixai-me ver outro.

HAMLET
— Gosto deste. São todos do mesmo comprimento?

(*Preparam-se para esgrimir.*)

OSRIC
— Sim, meu bom senhor.

REI
— Ponham sobre essa mesa os frascos de vinho. Se Hamlet acertar o primeiro ou o segundo bote, ou se rebater o terceiro, façam fogo todas as baterias; o rei beberá à saúde de Hamlet e deitará dentro da taça uma pérola mais preciosa do que as que têm trazido quatro reis sucessivos na coroa da Dinamarca. Dai-me as taças. Os timbales digam às trombetas, as trombetas ao artilheiro, os canhões digam aos céus, os céus digam à terra: "Agora o rei bebe à saúde de Hamlet!" Vamos, principiai; e vós — os juízes — olho alerta.

HAMLET
— Vamos, senhor.

LAERTES
— Vamos, meu senhor.

(*Principiam o combate.*)

HAMLET
— Uma.

LAERTES
— Não.

HAMLET
— Decidam os juízes.

OSRIC
— Uma estocada, uma estocada muito visível.

LAERTES
— Bem... Outra vez.

REI

— Esperai que me tragam vinho. Hamlet, esta pérola é tua. À tua saúde! Dai-lhe a taça.

(*Soam as trombetas; ouvem-se tiros fora.*)

HAMLET

— Quero primeiro concluir este assalto; ponde a taça aí ao lado. Vamos.

(*Recomeça o combate.*)

Outra estocada; que dizeis?

LAERTES

— Fui tocado, fui tocado, confesso.

REI

— O nosso filho há de ganhar.

RAINHA

— Ele está gordo, tem a respiração curta[19]. Hamlet, aqui tens o meu lenço, enxuga a testa. A rainha bebe à tua boa fortuna, Hamlet.

HAMLET

— Minha boa senhora...

REI

— Gertrudes, não bebas.

RAINHA

— Hei de beber, senhor; desculpai-me, peço-vos.

REI (*À parte.*)

— A taça envenenada; é tarde demais.

HAMLET

— Não me atrevo a beber ainda, senhora; daqui a pouco.

RAINHA

— Vem; deixa-me limpar-te a cara.

LAERTES (*Ao Rei:*)
— Senhor, vou dar-lhe agora uma estocada.

REI
— Não creio.

LAERTES (*À parte.*)
— E contudo é quase contra a minha consciência.

HAMLET
— Vamos ao terceiro, Laertes. Tendes estado a brincar; peço-vos que ataqueis com toda a força; receio que me estejais tratando como criança.

LAERTES
— Dizeis isso? Vamos.

(*Esgrimem.*)

OSRIC
— Nada; nem dum, nem doutro lado.

LAERTES
— Aí tendes agora.

(*Laertes fere Hamlet; no ardor do combate trocam-se os floretes, e Hamlet fere Laertes.*)

REI
— Separai-os; estão encolerizados.

HAMLET
— Não; vamos outra vez.

(*A Rainha cai.*)

OSRIC
— Vede a rainha! Oh!

HORÁCIO
— Estão ambos a escorrer sangue. Como estais, meu senhor?

OSRIC
— Como estais, Laertes?

LAERTES
— Oh! Como galinhola caída no próprio laço, Osric. Morro — e é justo — pela minha perfídia.

HAMLET
— O que tem a rainha?

REI
— Desmaiou quando viu sangue.

RAINHA
— Não, não; a bebida, a bebida! Ó meu querido Hamlet, a bebida! a bebida! Estou envenenada.
(*Morre.*)

HAMLET
— Vilania! Fechem as portas. Traição! Descubra-se a traição!

LAERTES
— Ei-la aqui, Hamlet: tu estás morto; não existe no mundo remédio capaz de salvar-te; em ti não há meia hora de vida; o pérfido instrumento está na tua mão afiado e envenenado. A ação torpe voltou-se contra mim; eis-me prostrado para não mais tornar a erguer-me. Tua mãe está envenenada... Já não posso... O rei... o rei é o criminoso.

HAMLET
— A ponta envenenada! Então, veneno, trabalha!
(*Fere o rei.*)

TODOS
— Traição! traição!

REI
— Amigos, defendei-me ainda; estou apenas ferido.

HAMLET

— Ó incestuoso, assassino, maldito dinamarquês! Acaba de engolir essa poção! Está aqui dentro a tua pérola? Segue minha mãe!

(*O rei morre.*)

LAERTES

— Deste-lhe o merecido castigo; é um veneno preparado por ele. Nobre Hamlet, perdoemo-nos um ao outro. Não caiam sobre ti a minha morte e a de meu pai, nem caia sobre mim a tua morte.

(*Morre.*)

HAMLET

— O céu te livre dessa culpa. Vou seguir-te. Horácio, eu morro. Desaventurada rainha, adeus! Vós que empalideceis e tremeis ante o funesto caso, vós que sois apenas mudos ouvintes deste drama, se eu tivesse tempo (pois este cruel sargento[20], a morte, é rigoroso nas capturas)... Oh!... se eu tivesse tempo... havia de contar-vos... mas... deixemos isso... Horácio, morro... tu ficas vivo... justifica Hamlet e o seu procedimento aos que não souberem como as coisas se passaram.

HORÁCIO

— Não acrediteis que eu vos sobreviva: sou mais um antigo romano do que um dinamarquês. Aqui ainda há líquido.

HAMLET

— Se és homem, dá-me a taça; larga-a; pelo céu, dá-me a taça! Ó Deus! Horácio, se as coisas ficarem assim desconhecidas, que enlameado nome deixarei de mim! Se alguma vez me trouxeste no teu peito, conserva-te por algum tempo ainda ausente da suprema felicidade e, neste mundo cruel, emite o alento da tua dolorosa respiração para contar a minha história.

(*Marcha militar ao longe; tiros da artilheria.*)

Que ruído belicoso é este?

OSRIC

— É o jovem Fortimbrás, que regressa triunfante da Polônia, e saúda os embaixadores de Inglaterra com uma salva marcial.

HAMLET

— Oh! Eu morro, Horácio; o enérgico veneno derruba-me o espírito completamente; não poderei viver bastante para ouvir notícias de Inglaterra; mas profetizo que a eleição recaírá sobre Fortimbrás; dou-lhe o meu voto moribundo; refere-lhe, com maior ou menor número de incidentes, o que provocou... O resto... é... silêncio.

(*Morre*.)

HORÁCIO

— Assim estala um nobre coração! Boa noite, amado príncipe! Enxames de anjos te embalem o repouso com o seu canto!

(*Marcha militar fora de cena*.)

A que propósito vem aqui o tambor?

(*Entram Fortimbrás, os Embaixadores de Inglaterra e outros*.)

FORTIMBRÁS

— Onde está esse espetáculo?

HORÁCIO

— O que desejais ver? Se é uma desgraça ou um prodígio, não procureis mais longe.

FORTIMBRÁS

— Este monte de cadáveres brada: *Vingança*! Ó morte orgulhosa! Que festim se prepara no teu antro infernal para dum golpe sangrento ferires tantos príncipes?

EMBAIXADOR

— A vista é horrorosa; e a nossa mensagem chega demasiado tarde de Inglaterra. Está insensível o ouvido que nos devia escutar, e a quem diríamos que foi cumprida a sua ordem: Rosencrantz e Guildenstern morreram. De quem receberemos os agradecimentos?

HORÁCIO

— Não da boca dele, ainda que tivesse o poder da vida para agradecer-vos; nunca deu ordem para tais mortes. Mas como, neste momento, vos achais em meio deste cruento lance — chegados vós da guerra da Polônia e vós da Inglaterra —, ordenai que estes cadáveres sejam expostos à multidão em cima dum estrado alto, e deixai-me relatar ao mundo, que ainda o ignora, o modo como isto aconteceu. Ouvireis então falar de atos lascivos, sanguinários, repugnantes à natureza; de sentenças lavradas pelo acaso, de assassínios fortuitos, de mortes perpetradas por aleivosia ou por violência, e — como remate — de projetos, que por engano ruíram sobre as cabeças de seus autores. Tudo posso referir-vos sem mentir.

FORTIMBRÁS

— Apressemo-nos a ouvi-lo e convoquemos os mais nobres para a assembleia. Quanto a mim, aceito com pesar a minha fortuna; tenho sobre este reino direitos antigos, que os meus interesses me obrigam a invocar.

HORÁCIO

— Terei também ocasião de falar-vos sobre esse assunto em nome de alguém, cujo voto há de trazer outros; mas ponhamos já por obra esta resolução, enquanto estão inquietos os espíritos; não sucedam novas desgraças por erro ou por conspiração.

FORTIMBRÁS

— Quatro capitães levem Hamlet, como um guerreiro, para cima do catafalco, porque é mais do que provável que, se houvesse alguma vez subido ao trono, teria dado mostras de ser um grande rei. Quando ele passar, as músicas militares e as salvas guerreiras ressoem bem alto em sua honra. Levai daí os corpos. Espetáculo como este convém ao campo de batalha; aqui faz mal. Ide; ordenai aos soldados que deem uma salva.

(*Marcha fúnebre, saem levando os cadáveres; ouve-se depois uma salva.*)

❖

Notas do Ato V

[1] O original diz: *se ofendendo.*

[2] Shakespeare ridiculariza as sutilezas da jurisprudência do seu tempo.

* O personagem fala errado, o correto é *ergo* (palavra latina), que significa *portanto*. (N. do E.)

[3] Agora ridiculariza a aristocracia.

[4] As três estâncias cantadas pelo coveiro são extraídas de um pequeno poema *The aged Lover renounceth Love*, escrito por Henrique Howard, conde de Surrey, que floresceu no reinado de Henrique VIII, e foi decapitado em 1547 pela falsa acusação de traidor.

[5] Aqui há um jogo de palavras que é de todo ponto impossível traduzir. O verbo *to lie* umas vezes significa *mentir*, outras vezes *estar* ou *jazer*.

[6] *So picked*, escreveu Shakespeare; e Hanmer interpreta *so smart, so sharp*, tão agudo, tão espirituoso; mas o dr. Johnson diz que naquela época era moda usar-se *a picked shoe, a shoe with a long pointed toe*, um sapato de biqueira comprida e aguda, a que a alusão parece referir-se.

[7] *Whoreson dead body*, diz o texto.

[8] Costumavam os namorados do tempo de Shakespeare dar às suas amadas as demonstrações de afeto mais extravagantes. Uma era beber qualquer líquido desagradável.

[9] É sabido que a pomba nunca põe mais de dois ovos em cada postura; e, quando os filhos saem da casca, permanece três dias imóvel no ninho sem consentir que o macho fique em seu lugar.

[10] *Mutines in the bilboes.*
Traduzimos: *marinheiros desobedientes ferrolhados em cadeias* pelas seguintes razões:
Mutines é um termo francês, que se aplica aos desobedientes ou revoltosos do exército e da armada.
Bilboes, diz Steevens, é uma barra de ferro com cadeias anexas, a que se prendiam antigamente os marinheiros sublevados e desordeiros. Além disso, na *Crônica de D. João III*, citada por Moraes, lê-se: "ferrolhou todos os marinheiros com cadeias".

[11] Esta cena é uma sátira à falsa delicadeza e aos estúpidos requintes de forma e de elegância que usavam os cortesãos no tempo de Shakespeare.

[12] Alusão aos manuais de boas maneiras, e de estilo elegante, que serviam de norma aos eufuístas e às preciosas ridículas.

[13] No original lê-se *carriages.*
Francisco Hugo traduziu *trains* e Guizot *équipages.*
Nós traduzimos *trens*, porque a palavra *trem* significa a reunião de móveis e utensílios precisos para um certo serviço, destinados a um certo fim. Mais abaixo Hamlet diz: "O termo seria mais próprio, se trouxéssemos ao lado uma peça de artilheria". Ora, em português chama-se *trem de artilheria* todo o aparelho dela.

[14] Nos livros antigos, as notas explicativas ou comentários eram vulgarmente impressos nas margens.

[15] O emprego que fizemos da palavra *ocas* baseia-se no seguinte exemplo citado pelo dicionário de Moraes: "Em ventosas aéreas esperanças lhe está lidando a *oca* fantasia, sempre cevada em loucos devaneios, ilusões delirosas".

[16] Esta passagem é extraída do Evangelho de São Mateus, X, 29. "Porventura não se vendem dois passarinhos por um ás, e um deles não cairá sobre a terra sem vosso pai?"

[17] O dr. Johnson comenta assim a frase: "Visto que nenhum homem sabe coisa alguma do estado de vida que *deixa*; visto que não pode imaginar o que lhe sucederia, se vivesse mais tempo, de que lhe serve ter medo de deixar cedo a vida?... Desprezo todo agouro e superstição, porque repugnam ao entendimento e à piedade; a minha consolação é que não posso morrer senão por um decreto da Providência".

[18] Traduzimos *alvo* por nos não atrevermos a traduzir *plastron*, que é o termo técnico de esgrima, e que nos parece dispensável adotar.

[19] Querem alguns ver nesta frase uma alusão à gordura do ator Burbage. Não acreditamos que o seja. Shakespeare, que era um observador profundíssimo, e a quem não escapava a mínima particularidade, dotou o seu herói com um dos caracteres físicos que geralmente acompanham a vida sedentária. Além disso, os neuróticos, como Hamlet, são por via de regra homens robustos.

[20] *This fell serjeant.*

Guizot traduz *huissier*, que é o *meirinho*.

Francisco Hugo traduz *recors*, que corresponde a *beleguim*.

São palavras diferentes, mas significam ambas um oficial de justiça. O nosso riquíssimo idioma tem a palavra *sargento*, que é também um oficial de justiça e que é tradução literal de *serjeant*.

O objetivo, a filosofia e a missão da Editora Martin Claret

O principal objetivo da Martin Claret é contribuir para a difusão da educação e da cultura, por meio da democratização do livro, usando os canais de comercialização habituais, além de criar novos.

A filosofia de trabalho da Martin Claret consiste em produzir livros de qualidade a um preço acessível, para que possam ser apreciados pelo maior número possível de leitores.

A missão da Martin Claret é conscientizar e motivar as pessoas a desenvolver e utilizar o seu pleno potencial espiritual, mental, emocional e social.

O livro muda as pessoas. Revolucione-se: leia mais para ser mais!

MARTIN CLARET

Relação dos Volumes Publicados

1. **Dom Casmurro**
Machado de Assis
2. **O Príncipe**
Maquiavel
3. **Mensagem**
Fernando Pessoa
4. **O Lobo do Mar**
Jack London
5. **A Arte da Prudência**
Baltasar Gracián
6. **Iracema / Cinco Minutos**
José de Alencar
7. **Inocência**
Visconde de Taunay
8. **A Mulher de 30 Anos**
Honoré de Balzac
9. **A Moreninha**
Joaquim Manuel de Macedo
10. **A Escrava Isaura**
Bernardo Guimarães
11. **As Viagens - "Il Milione"**
Marco Polo
12. **O Retrato de Dorian Gray**
Oscar Wilde
13. **A Volta ao Mundo em 80 Dias**
Júlio Verne
14. **A Carne**
Júlio Ribeiro
15. **Amor de Perdição**
Camilo Castelo Branco
16. **Sonetos**
Luís de Camões
17. **O Guarani**
José de Alencar
18. **Memórias Póstumas de Brás Cubas**
Machado de Assis
19. **Lira dos Vinte Anos**
Álvares de Azevedo
20. **Apologia de Sócrates / Banquete**
Platão
21. **A Metamorfose/Um Artista da Fome/Carta a Meu Pai**
Franz Kafka
22. **Assim Falou Zaratustra**
Friedrich Nietzsche
23. **Triste Fim de Policarpo Quaresma**
Lima Barreto
24. **A Ilustre Casa de Ramires**
Eça de Queirós
25. **Memórias de um Sargento de Milícias**
Manuel Antônio de Almeida
26. **Robinson Crusoé**
Daniel Defoe
27. **Espumas Flutuantes**
Castro Alves
28. **O Ateneu**
Raul Pompeia
29. **O Noviço / O Juiz de Paz da Roça / Quem Casa Quer Casa**
Martins Pena
30. **A Relíquia**
Eça de Queirós
31. **O Jogador**
Dostoiévski
32. **Histórias Extraordinárias**
Edgar Allan Poe
33. **Os Lusíadas**
Luís de Camões
34. **As Aventuras de Tom Sawyer**
Mark Twain
35. **Bola de Sebo e Outros Contos**
Guy de Maupassant
36. **A República**
Platão
37. **Elogio da Loucura**
Erasmo de Rotterdam
38. **Caninos Brancos**
Jack London
39. **Hamlet**
William Shakespeare
40. **A Utopia**
Thomas More
41. **O Processo**
Franz Kafka
42. **O Médico e o Monstro**
Robert Louis Stevenson
43. **Ecce Homo**
Friedrich Nietzsche
44. **O Manifesto do Partido Comunista**
Marx e Engels
45. **Discurso do Método / Regras para a Direção do Espírito**
René Descartes
46. **Do Contrato Social**
Jean-Jacques Rousseau
47. **A Luta pelo Direito**
Rudolf von Ihering
48. **Dos Delitos e das Penas**
Cesare Beccaria
49. **A Ética Protestante e o Espírito do Capitalismo**
Max Weber
50. **O Anticristo**
Friedrich Nietzsche
51. **Os Sofrimentos do Jovem Werther**
Goethe
52. **As Flores do Mal**
Charles Baudelaire
53. **Ética a Nicômaco**
Aristóteles
54. **A Arte da Guerra**
Sun Tzu
55. **Imitação de Cristo**
Tomás de Kempis
56. **Cândido ou o Otimismo**
Voltaire
57. **Rei Lear**
William Shakespeare
58. **Frankenstein**
Mary Shelley
59. **Quincas Borba**
Machado de Assis
60. **Fedro**
Platão
61. **Política**
Aristóteles
62. **A Viuvinha / Encarnação**
José de Alencar
63. **As Regras do Método Sociológico**
Émile Durkheim
64. **O Cão dos Baskervilles**
Sir Arthur Conan Doyle
65. **Contos Escolhidos**
Machado de Assis
66. **Da Morte / Metafísica do Amor / Do Sofrimento do Mundo**
Arthur Schopenhauer
67. **As Minas do Rei Salomão**
Henry Rider Haggard
68. **Manuscritos Econômico-Filosóficos**
Karl Marx
69. **Um Estudo em Vermelho**
Sir Arthur Conan Doyle
70. **Meditações**
Marco Aurélio
71. **A Vida das Abelhas**
Maurice Materlinck
72. **O Cortiço**
Aluísio Azevedo
73. **Senhora**
José de Alencar
74. **Brás, Bexiga e Barra Funda / Laranja da China**
Antônio de Alcântara Machado
75. **Eugênia Grandet**
Honoré de Balzac
76. **Contos Gauchescos**
João Simões Lopes Neto
77. **Esaú e Jacó**
Machado de Assis
78. **O Desespero Humano**
Sören Kierkegaard
79. **Dos Deveres**
Cícero
80. **Ciência e Política**
Max Weber
81. **Satíricon**
Petrônio
82. **Eu e Outras Poesias**
Augusto dos Anjos
83. **Farsa de Inês Pereira / Auto da Barca do Inferno / Auto da Alma**
Gil Vicente
84. **A Desobediência Civil e Outros Escritos**
Henry David Toreau
85. **Para Além do Bem e do Mal**
Friedrich Nietzsche
86. **A Ilha do Tesouro**
R. Louis Stevenson
87. **Marília de Dirceu**
Tomás A. Gonzaga
88. **As Aventuras de Pinóquio**
Carlo Collodi
89. **Segundo Tratado Sobre o Governo**
John Locke
90. **Amor de Salvação**
Camilo Castelo Branco
91. **Broquéis/Faróis/ Últimos Sonetos**
Cruz e Souza
92. **I-Juca-Pirama / Os Timbiras / Outros Poemas**
Gonçalves Dias
93. **Romeu e Julieta**
William Shakespeare
94. **A Capital Federal**
Arthur Azevedo
95. **Diário de um Sedutor**
Sören Kierkegaard
96. **Carta de Pero Vaz de Caminha a El-Rei Sobre o Achamento do Brasil**
97. **Casa de Pensão**
Aluísio Azevedo
98. **Macbeth**
William Shakespeare

99. **Édipo Rei/Antígona**
Sófocles

100. **Lucíola**
José de Alencar

101. **As Aventuras de Sherlock Holmes**
Sir Arthur Conan Doyle

102. **Bom-Crioulo**
Adolfo Caminha

103. **Helena**
Machado de Assis

104. **Poemas Satíricos**
Gregório de Matos

105. **Escritos Políticos / A Arte da Guerra**
Maquiavel

106. **Ubirajara**
José de Alencar

107. **Diva**
José de Alencar

108. **Eurico, o Presbítero**
Alexandre Herculano

109. **Os Melhores Contos**
Lima Barreto

110. **A Luneta Mágica**
Joaquim Manuel de Macedo

111. **Fundamentação da Metafísica dos Costumes e Outros Escritos**
Immanuel Kant

112. **O Príncipe e o Mendigo**
Mark Twain

113. **O Domínio de Si Mesmo pela Auto-Sugestão Consciente**
Émile Coué

114. **O Mulato**
Aluísio Azevedo

115. **Sonetos**
Florbela Espanca

116. **Uma Estadia no Inferno / Poemas / Carta do Vidente**
Arthur Rimbaud

117. **Várias Histórias**
Machado de Assis

118. **Fédon**
Platão

119. **Poesias**
Olavo Bilac

120. **A Conduta para a Vida**
Ralph Waldo Emerson

121. **O Livro Vermelho**
Mao Tsé-Tung

122. **Oração aos Moços**
Rui Barbosa

123. **Otelo, o Mouro de Veneza**
William Shakespeare

124. **Ensaios**
Ralph Waldo Emerson

125. **De Profundis / Balada do Cárcere de Reading**
Oscar Wilde

126. **Crítica da Razão Prática**
Immanuel Kant

127. **A Arte de Amar**
Ovídio Naso

128. **O Tartufo ou O Impostor**
Molière

129. **Metamorfoses**
Ovídio Naso

130. **A Gaia Ciência**
Friedrich Nietzsche

131. **O Doente Imaginário**
Molière

132. **Uma Lágrima de Mulher**
Aluísio Azevedo

133. **O Último Adeus de Sherlock Holmes**
Sir Arthur Conan Doyle

134. **Canudos - Diário de uma Expedição**
Euclides da Cunha

135. **A Doutrina de Buda**
Siddharta Gautama

136. **Tao Te Ching**
Lao-Tsé

137. **Da Monarquia / Vida Nova**
Dante Alighieri

138. **A Brasileira de Prazins**
Camilo Castelo Branco

139. **O Velho da Horta/Quem Tem Farelos?/Auto da Índia**
Gil Vicente

140. **O Seminarista**
Bernardo Guimarães

141. **O Alienista / Casa Velha**
Machado de Assis

142. **Sonetos**
Manuel du Bocage

143. **O Mandarim**
Eça de Queirós

144. **Noite na Taverna / Macário**
Álvares de Azevedo

145. **Viagens na Minha Terra**
Almeida Garrett

146. **Sermões Escolhidos**
Padre Antonio Vieira

147. **Os Escravos**
Castro Alves

148. **O Demônio Familiar**
José de Alencar

149. **A Mandrágora / Belfagor, o Arquidiabo**
Maquiavel

150. **O Homem**
Aluísio Azevedo

151. **Arte Poética**
Aristóteles

152. **A Megera Domada**
William Shakespeare

153. **Alceste/Electra/Hipólito**
Eurípedes

154. **O Sermão da Montanha**
Huberto Rohden

155. **O Cabeleira**
Franklin Távora

156. **Rubáiyát**
Omar Khayyám

157. **Luzia-Homem**
Domingos Olímpio

158. **A Cidade e as Serras**
Eça de Queirós

159. **A Retirada da Laguna**
Visconde de Taunay

160. **A Viagem ao Centro da Terra**
Júlio Verne

161. **Caramuru**
Frei Santa Rita Durão

162. **Clara dos Anjos**
Lima Barreto

163. **Memorial de Aires**
Machado de Assis

164. **Bhagavad Gita**
Krishna

165. **O Profeta**
Khalil Gibran

166. **Aforismos**
Hipócrates

167. **Kama Sutra**
Vatsyayana

168. **O Livro da Jângal**
Rudyard Kipling

169. **De Alma para Alma**
Huberto Rohden

170. **Orações**
Cícero

171. **Sabedoria das Parábolas**
Huberto Rohden

172. **Salomé**
Oscar Wilde

173. **Do Cidadão**
Thomas Hobbes

174. **Porque Sofremos**
Huberto Rohden

175. **Einstein: o Enigma do Universo**
Huberto Rohden

176. **A Mensagem Viva do Cristo**
Huberto Rohden

177. **Mahatma Gandhi**
Huberto Rohden

178. **A Cidade do Sol**
Tommaso Campanella

179. **Setas para o Infinito**
Huberto Rohden

180. **A Voz do Silêncio**
Helena Blavatsky

181. **Frei Luís de Sousa**
Almeida Garrett

182. **Fábulas**
Esopo

183. **Cântico de Natal/ Os Carrilhões**
Charles Dickens

184. **Contos**
Eça de Queirós

185. **O Pai Goriot**
Honoré de Balzac

186. **Noites Brancas e Outras Histórias**
Dostoiévski

187. **Minha Formação**
Joaquim Nabuco

188. **Pragmatismo**
William James

189. **Discursos Forenses**
Enrico Ferri

190. **Medeia**
Eurípedes

191. **Discursos de Acusação**
Enrico Ferri

192. **A Ideologia Alemã**
Marx & Engels

193. **Prometeu Acorrentado**
Ésquilo

194. **Iaiá Garcia**
Machado de Assis

195. **Discursos no Instituto dos Advogados Brasileiros / Discurso no Colégio Anchieta**
Rui Barbosa

196. **Édipo em Colono**
Sófocles

197. **A Arte de Curar pelo Espírito**
Joel S. Goldsmith

198. **Jesus, o Filho do Homem**
Khalil Gibran

199. **Discurso sobre a Origem e os Fundamentos da Desigualdade entre os Homens**
Jean-Jacques Rousseau

200. **Fábulas**
La Fontaine

201. **O Sonho de uma Noite de Verão**
William Shakespeare

202. Maquiavel, o Poder
José Nivaldo Junior

203. Ressurreição
Machado de Assis

204. O Caminho da Felicidade
Huberto Rohden

205. A Velhice do Padre Eterno
Guerra Junqueiro

206. O Sertanejo
José de Alencar

207. Gitanjali
Rabindranath Tagore

208. Senso Comum
Thomas Paine

209. Canaã
Graça Aranha

210. O Caminho Infinito
Joel S. Goldsmith

211. Pensamentos
Epicuro

212. A Letra Escarlate
Nathaniel Hawthorne

213. Autobiografia
Benjamin Franklin

214. Memórias de Sherlock Holmes
Sir Arthur Conan Doyle

215. O Dever do Advogado / Posse de Direitos Pessoais
Rui Barbosa

216. O Tronco do Ipê
José de Alencar

217. O Amante de Lady Chatterley
D. H. Lawrence

218. Contos Amazônicos
Inglês de Souza

219. A Tempestade
William Shakespeare

220. Ondas
Euclides da Cunha

221. Educação do Homem Integral
Huberto Rohden

222. Novos Rumos para a Educação
Huberto Rohden

223. Mulherzinhas
Louise May Alcott

224. A Mão e a Luva
Machado de Assis

225. A Morte de Ivan Ilicht / Senhores e Servos
Leon Tolstói

226. Álcoois e Outros Poemas
Apollinaire

227. Pais e Filhos
Ivan Turguêniev

228. Alice no País das Maravilhas
Lewis Carroll

229. À Margem da História
Euclides da Cunha

230. Viagem ao Brasil
Hans Staden

231. O Quinto Evangelho
Tomé

232. Lorde Jim
Joseph Conrad

233. Cartas Chilenas
Tomás Antônio Gonzaga

234. Odes Modernas
Anntero de Quental

235. Do Cativeiro Babilônico da Igreja
Martinho Lutero

236. O Coração das Trevas
Joseph Conrad

237. Thais
Anatole France

238. Andrômaca / Fedra
Racine

239. As Catilinárias
Cícero

240. Recordações da Casa dos Mortos
Dostoiévski

241. O Mercador de Veneza
William Shakespeare

242. A Filha do Capitão / A Dama de Espadas
Aleksandr Púchkin

243. Orgulho e Preconceito
Jane Austen

244. A Volta do Parafuso
Henry James

245. O Gaúcho
José de Alencar

246. Tristão e Isolda
Lenda Medieval Celta de Amor

247. Poemas Completos de Alberto Caeiro
Fernando Pessoa

248. Maiakósvski
Vida e Poesia

249. Sonetos
William Shakespeare

250. Poesia de Ricardo Reis
Fernando Pessoa

251. Papéis Avulsos
Machado de Assis

252. Contos Fluminenses
Machado de Assis

253. O Bobo
Alexandre Herculano

254. A Oração da Coroa
Demóstenes

255. O Castelo
Franz Kafka

256. O Trovejar do Silêncio
Joel S. Goldsmith

257. Alice na Casa dos Espelhos
Lewis Carrol

258. Miséria da Filosofia
Karl Marx

259. Júlio César
William Shakespeare

260. Antônio e Cleópatra
William Shakespeare

261. Filosofia da Arte
Huberto Rohden

262. A Alma Encantadora das Ruas
João do Rio

263. A Normalista
Adolfo Caminha

264. Pollyanna
Eleanor H. Porter

265. As Pupilas do Senhor Reitor
Júlio Diniz

266. As Primaveras
Casimiro de Abreu

267. Fundamentos do Direito
Léon Duguit

268. Discursos de Metafísica
G. W. Leibniz

269. Sociologia e Filosofiia
Émile Durkheim

270. Cancioneiro
Fernando Pessoa

271. A Dama das Camélias
Alexandre Dumas (filho)

272. O Divórcio / As Bases da Fé / e outros textos
Rui Barbosa

273. Pollyanna Moça
Eleanor H. Porter

274. O 18 Brumário de Luís Bonaparte
Karl Marx

275. Teatro de Machado de Assis
Antologia

276. Cartas Persas
Montesquieu

277. Em Comunhão com Deus
Huberto Rohden

278. Razão e Sensibilidade
Jane Austen

279. Crônicas Selecionadas
Machado de Assis

280. Histórias da Meia-Noite
Machado de Assis

281. Cyrano de Bergerac
Edmond Rostand

282. O Maravilhoso Mágico de Oz
L. Frank Baum

283. Trocando Olhares
Florbela Espanca

284. O Pensamento Filosófico da Antiguidade
Huberto Rohden

285. Filosofia Contemporânea
Huberto Rohden

286. O Espírito da Filosofia Oriental
Huberto Rohden

287. A Pele do Lobo / O Badejo / o Dote
Artur Azevedo

288. Os Bruzundangas
Lima Barreto

289. A Pata da Gazela
José de Alencar

290. O Vale do Terror
Sir Arthur Conan Doyle

291. O Signo dos Quatro
Sir Arthur Conan Doyle

292. As Máscaras do Destino
Florbela Espanca

293. A Confissão de Lúcio
Mário de Sá-Carneiro

294. Falenas
Machado de Assis

295. O Uraguai / A Declamação Trágica
Basílio da Gama

296. Crisálidas
Machado de Assis

297. Americanas
Machado de Assis

298. A Carteira de Meu Tio
Joaquim Manuel de Macedo

299. Catecismo da Filosofia
Huberto Rohden

300. Apologia de Sócrates
Platão (Edição bilingue)

301. Rumo à Consciência Cósmica
Huberto Rohden

302. Cosmoterapia
Huberto Rohden

303. Bodas de Sangue
Federico García Lorca

304. Discurso da Servidão Voluntária
Étienne de La Boétie

305. Categorias
Aristóteles

306. Manon Lescaut
Abade Prévost

307. Teogonia / Trabalho e Dias
Hesíodo

308. As Vítimas-Algozes
Joaquim Manuel de Macedo

309. Persuasão
Jane Austen

310. Agostinho - Huberto Rohden

311. Roteiro Cósmico
Huberto Rohden

312. A Queda dum Anjo
Camilo Castelo Branco

313. O Cristo Cósmico e os Essênios - Huberto Rohden

314. Metafísica do Cristianismo
Huberto Rohden

315. Rei Édipo - Sófocles

316. Livro dos provérbios
Salomão

317. Histórias de Horror
Howard Phillips Lovecraft

318. O Ladrão de Casaca
Maurice Leblanc

Série Ouro
(Livros com mais de 400 p.)

1. Leviatã
Thomas Hobbes

2. A Cidade Antiga
Fustel de Coulanges

3. Crítica da Razão Pura
Immanuel Kant

4. Confissões
Santo Agostinho

5. Os Sertões
Euclides da Cunha

6. Dicionário Filosófico
Voltaire

7. A Divina Comédia
Dante Alighieri

8. Ética Demonstrada à Maneira dos Geômetras
Baruch de Spinoza

9. Do Espírito das Leis
Montesquieu

10. O Primo Basílio
Eça de Queirós

11. O Crime do Padre Amaro
Eça de Queirós

12. Crime e Castigo
Dostoiévski

13. Fausto
Goethe

14. O Suicídio
Émile Durkheim

15. Odisseia
Homero

16. Paraíso Perdido
John Milton

17. Drácula
Bram Stoker

18. Ilíada
Homero

19. As Aventuras de Huckleberry Finn
Mark Twain

20. Paulo – O 13º Apóstolo
Ernest Renan

21. Eneida
Virgílio

22. Pensamentos
Blaise Pascal

23. A Origem das Espécies
Charles Darwin

24. Vida de Jesus
Ernest Renan

25. Moby Dick
Herman Melville

26. Os Irmãos Karamazovi
Dostoiévski

27. O Morro dos Ventos Uivantes
Emily Brontë

28. Vinte Mil Léguas Submarinas
Júlio Verne

29. Madame Bovary
Gustave Flaubert

30. O Vermelho e o Negro
Stendhal

31. Os Trabalhadores do Mar
Victor Hugo

32. A Vida dos Doze Césares
Suetônio

33. O Moço Loiro
Joaquim Manuel de Macedo

34. O Idiota
Dostoiévski

35. Paulo de Tarso
Huberto Rohden

36. O Peregrino
John Bunyan

37. As Profecias
Nostradamus

38. Novo Testamento
Huberto Rohden

39. O Corcunda de Notre Dame
Victor Hugo

40. Arte de Furtar
Anônimo do século XVII

41. Germinal
Émile Zola

42. Folhas de Relva
Walt Whitman

43. Ben-Hur — Uma História dos Tempos de Cristo
Lew Wallace

44. Os Maias
Eça de Queirós

45. O Livro da Mitologia
Thomas Bulfinch

46. Os Três Mosqueteiros
Alexandre Dumas

47. Poesia de Álvaro de Campos
Fernando Pessoa

48. Jesus Nazareno
Huberto Rohden

49. Grandes Esperanças
Charles Dickens

50. A Educação Sentimental
Gustave Flaubert

51. O Conde de Monte Cristo (Volume I)
Alexandre Dumas

52. O Conde de Monte Cristo (Volume II)
Alexandre Dumas

53. Os Miseráveis (Volume I)
Victor Hugo

54. Os Miseráveis (Volume II)
Victor Hugo

55. Dom Quixote de La Mancha (Volume I)
Miguel de Cervantes

56. Dom Quixote de La Mancha (Volume II)
Miguel de Cervantes

57. As Confissões
Jean-Jacques Rousseau

58. Contos Escolhidos
Artur Azevedo

59. As Aventuras de Robin Hood
Howard Pyle